母爱可依

写给中国年轻妈妈

零露 著

作家出版社

图书在版编目（CIP）数据

母爱可依 / 零露著. -- 北京：作家出版社，2023.4
ISBN 978-7-5212-2203-6

Ⅰ.①母… Ⅱ.①零… Ⅲ.①家庭教育 Ⅳ.①G78

中国国家版本馆 CIP 数据核字（2023）第 031306 号

母爱可依

作　　者：零　露
责任编辑：李亚梓
封面设计：琥珀视觉
出版发行：作家出版社有限公司
社　　址：北京农展馆南里 10 号　　邮　　编：100125
电话传真：86-10-65067186（发行中心及邮购部）
　　　　　86-10-65004079（总编室）
E-mail: zuojia@zuojia.net.cn
http://www.zuojiachubanshe.com
印　　刷：唐山嘉德印刷有限公司
成品尺寸：142×210
字　　数：175 千
印　　张：8
版　　次：2023 年 4 月第 1 版
印　　次：2023 年 4 月第 1 次印刷
ISBN 978-7-5212-2203-6
定　　价：45.00 元

作家版图书，版权所有，侵权必究。
作家版图书，印装错误可随时退换。

目录
Contents

- 001　作者的话
- 001　为旧书求情
- 004　化妆就是在脸上画画
- 007　一张纸巾的力量
- 010　眷属仍是有情人
- 012　"加塞儿"有理
- 014　安静的习俗是怎样炼成的
- 017　一天等于一生
- 019　当朋友忘记还钱
- 022　孩子的往事
- 025　为了航行的航行
- 028　佣奴贩妇皆冰玉
- 031　填不平的代沟
- 034　蚊子在叮他！
- 037　和螃蟹的战争

040	融入的难度
043	三天不许吃饭
046	讲名牌的背后
049	偷吃蛋糕的罪过
052	爸爸的"兔儿灯"
054	生命之外
057	桂花能在北京开?
060	温柔的"铁榔头"
063	奔向纽约的起跑线
066	起跑线上的友情
069	起跑线上的小老虎
072	小豌豆的命运
075	妹妹:生日快乐
078	劳动浪费时间吗?
080	心塞的秋游
082	幼稚的"鄙视链"
085	吉米的弦外之音
088	"礼貌"的拒绝
091	被民风淳朴忽悠
094	安妮的历史课
097	慎要言必称"人家"
099	在巴黎说中国话
102	唠叨就是传承
105	和鬼节较真儿
107	偷懒儿的借口

109	剑桥半日游
112	旧学的局限
115	不一样的向日葵
118	稿子消失了
121	何以解忧，试试红楼？
123	为什么要打肿脸充胖子？
126	得理且饶人
129	母爱的自私之处
132	捞出蜜罐中的孩子
134	小费的热度
137	圆周率与古诗文
140	为什么油瓶子倒了却不扶？
143	"走街串巷"的学习方法
146	从两小儿辩论说起
149	选校如同相亲
152	放学路上买只鸡
154	我们都是一伙儿的
157	千金难买此时此刻
160	何为乡愁？
163	关于安妮的"华尔街生活"
166	鸡毛掸子的"善意"
169	关于阿喀琉斯的脚后跟儿
171	湿润的海绵更易吸水
174	好文章是怎么炼成的？
177	洋人的"留白"

180　从道元走进哈佛

183　对付四个猴儿孩子

186　误入裸体浴场

189　报考四中道元班

192　在北京试验"纽约慢"

195　武术是什么?

198　为什么不喜欢交响乐?

201　制作你的"家庭树"

204　溺爱的另一种结果

207　从"sleep over"说起

210　不要忙着说出来

212　偶遇"绝代金莲"

215　儿童眼中的"刀子嘴"

218　小心成见

221　街头的大老鼠

224　奇妙的复制

227　带一本书去金陵

230　耀爷的梦

233　你的眼里能揉沙子吗?

236　阿美的眼泪

239　宁静方可致远

241　代写"情书"

244　被拒是常态

作者的话

  几年前,当我给远在海外的妹妹写第一封信的时候,我并不知道那个不经意的举动竟然会是一本书的开始。当时,妹妹一家刚刚被派出国工作,他们的女儿安妮只有十二岁,西方文化的撞击使小小的安妮面临了诸多挑战,而工作的繁忙又不允许妹妹为孩子的成长投入更多的精力。幸运的是,爸爸妈妈养育了我们姊妹两个,我们相差五岁,一起长大,有着相同的生活背景和价值观,而且深受我们家族"彼此依靠"家风的熏陶和感召,所以,我们姐妹间长达五年的、远隔重洋的交流就此拉开序幕。回首过往,当中有焦急、有惊喜、有困惑、有反省,失望中裹挟着希望,一次次受挫后的再次振作,酸甜苦辣,尽在其中。这,就是摆在您面前的这本小书背后的故事,也就是书中这些家书的来历。

  如今,书中的两个小家伙琳达和安妮已经长大,个子比我们都高了很多。琳达姐姐成为了研究纳米医学的青年学者,安妮妹妹也进入了她心仪的大学继续在金融投资领域的研习。她们的朋友中，我们不认识的也越来越多，想到这些，欣喜和失落交织而来，有时想，孩子们现实中能留给父母的享受，能抓住的可能也就是对他们童年的回忆吧。一些照片、一些奖状、一把他们用过的小勺，或是不经意间从衣柜的角落里翻出的一条连脚裤……一件旧物，一段生活，也是一段情意，相信这是很多妈妈都经历过的场景。而现实中，偶然的惆怅往往会被生活的忙碌淹没，这也是我们每个人不得不接受的事实。

今天，诸位眼前的这本小书，其本源是我们家族成员间的通信，里面的角色包含了我们大家庭上上下下四代人；在空间上横跨南北半球，太平洋东西两岸；表面上说的是琳达和安妮两个孩子的故事，骨子里讲的却是人生会经历的种种相遇。读过我专栏文章的读者，无论是北京的，还是在海外的，大家和我提到最多的一句话就是这些发生在我家里的琐碎小事，似乎在他们的家中也发生过，或是正在发生。而回放文章中的每一个镜头，不仅是读者，就连我们自己，有时也会感到无比惊讶，因为那些对家庭琐事所倾注的思考真真是用情至深。为了我们的孩子能真正成人，我们竟然是在举全家之力！

教育孩子虽然是一个漫长而艰难的过程，但如果年轻的妈妈们能把这件事做好，它更应当是一个使我们感觉快乐的过程！和孩子们一起成长，给了我们生命重新来过的机会，在这个过程中，很多观念被颠覆，很多乐趣被重拾，很多误会被澄清……这是多么开心的事情。我也衷心希望我们姐妹俩远隔重洋的独特体验，能为众多中国年轻妈妈提供培养孩子们的另一个思路。

说起另一个思路，这让我想起我曾在《北京晚报》上写的一篇文章《教育莫被竞争误》，在那篇文章里，我谈到了竞争和竞争力的区别。教育，如果成了你争我夺的竞争，那简直是太糟糕的一件事情了，在我们看来教育的重心应当回归到提高孩子内在素养的竞争力上来，是个不论一时成败的慢功夫。之后，一次偶然的机会，和一位耶鲁大学的教授聊到这个事，没想到，席间这位前辈的一句话给了我反思这个命题的机会，他说："你的这个观点在教育资源丰富的西方国家是完全没有问题的，而在我们这个人口众多而教育资源严重不平衡的国家是很难行得通的，比如我吧，如果不是靠着竞争，而是按照你培养琳达的那个'敢于落后的'套路，今天和你聊天的可就会是一个皮肤黝黑的农民了。"

数日过去，这位令我尊敬的长辈的话久久萦绕在我的脑子里。显然，这位教授的观点是真实而诚恳的，而我们着力于孩子们综合素质的培养也没有错。而在两个命题都正确的条件下，我们眼下看到的却是怎样的一幅画面呢？除了数理化这些必备的知识要面对考试的检验之外，就连琴棋书画，这些原本是素养教育的项目，也已在真实的现实中演变成了另一种形式的应试教育，在中考、高考这些主流考场之外，考级、竞赛的分会场也热闹了起来。不能不承认，中国人口众多的现状是不可改变的现实，但是，这的确不能成为我们把孩子推向更多考场的理由。细细回想，我们让孩子们接受教育的初心是什么？难道不是让孩子在探索科学和学习艺术的过程中发现他们的未来吗？

在培养琳达和安妮的道路上，我们的家庭始终笃信的一个宗旨：家庭教育的本质是濡养人的涵养。"科学使人理性，艺术让人成为人"，我们两位妈妈为了保护她们对于知识的热情，对艺术的热爱，已经尽了我们最大的努力，但是，我们的力量和影响力终究有限，之所以今天极力地向诸位推荐这本书，本意是期望这本凝结着我们姊妹两个心血的书信集，能影响到更多的中国妈妈，使更多的同胞从我们为人母的经历中得到些许启发：人生，既是对学业和事业的追求，同时也是让孩子们保有人生见地，做人修养的百年大计！

"父母之爱子，则为之计深远"，是我们今天相聚在一起的主题。我们改变不了社会教育，可我们每一位妈妈却是家庭教育的主人。在这里，我特别想送给年轻妈妈们一句话：教育，既是对人生存技能的培养，更是对人精神素质的塑造。

零露

二〇二三年新年

为旧书求情

忽然瞥见书的勒口上有我用铅笔写下的"56岁"

珮嘉：

你好！

来信说你们已经搬完家了，最麻烦的是整理安妮的书柜。你说，打算趁此机会把以前的旧书处理掉。看到你这样打算，我真是好心痛呀。那一书柜的书，不是你这许多年从书店一本本精细挑选的吗？怎么说扔就扔了呢？

你每次到我家里，总嫌我那几书柜的书累赘，你说，换了你，至少一半都会扔掉。可你知道吗？在我心里，那些书已经是我的老朋友了。与此相反，每次看你淘汰你家中的书时，我在一边都会心疼不已。我很奇怪，那么多年，和这些书在一起，你怎么就会生出要抛弃它们的念头来呢？听到我为这些旧书求情，你也许又要笑话我的痴了。

不是你一个人，我的很多朋友都是这样认为的，书读过后就可以处理了。这与我的想法完全相反，也是因为这个，我是特别不喜欢别人借我的书的，倘若有人向我借书，我倒宁愿买本送他。

比起我们用过的旧物，我们曾读过的旧书，在我看来，承载的是一段记忆。如果我们老了，想寻找自己曾经的所思所想，想要知道现在的自己是什么来历，最好的答案，不正藏在那些满身尘土的旧书里吗？最近回妈妈那里，偶然在壁柜的夹缝里发现了爸爸上大学时的一本教科书，1950年出版的《机械原理》，书页又黄又脆，内容更是和现在的教科书不能比，但爸爸见到这书，却像与老友重逢般高兴。尤其是看到当年他在书上做的笔记时，老人家特别感慨。这种快乐，是没有任何东西可以替代的。

说起整理书柜，我又想起一件非常有意思的事情来。今夏搬家，收拾书时，看到纪坡民先生的《产权与法》，想着自己现在关注的东西和这个话题早已不搭界，丢了也罢。可就在我想扔掉那本书的一刹那，我却鬼使神差地把它又插回了书柜。没想到，一星期后，3月27日，一件奇妙的事发生了。那天，贾宝兰女士发了一条朋友圈，她这样写道："今天，我竟然找出了纪坡民先生《产权与法》的手稿！十六年前，这本书是我在三联书店工作时编辑的。"看到这条消息，我特吃惊——和贾老师认识十年，读纪坡民先生的这部著作已是十五年前，怎么也想不到有朝一日，这两件事竟然可以相交！想到这里，我马上和贾老师通了电话。贾老师说："你怎么也看这书？挺难啃的。"我端详着书，虽然上面满是我当年画过的标记，但也很难回忆起十几年前自己的阅读体验了，忽然瞥见书的勒口上有我用铅笔写下的"56岁"，忽然想起那是自己当时看书时心生好奇，根据出版日期，加加减减，为作者推算出的年龄。把这段戏唱给贾老师听，大家甚觉有趣。现在想来，倘若那天我丢了那本书，之后的回味和乐子哪里还能寻得着呢？

记得琳达报考四中时，有一位考官这样问她："暑假里，你打算怎么整理你的书柜呢？"琳达很实心眼，以为老师真的要让她整理书柜，殊不知，老师是在问她将怎样规划你未来一年的读书计划。如果我是那考官，我还会期待学生告诉我：你是怎么善待曾经陪伴你长大的那些书的？

希望我的话，能得到你的共鸣。衷心祝你家的书安然无恙。

再叙！

姐姐

化妆就是在脸上画画

下一步,我想着,是不是把全家的脸都包给琳达画?

珮嘉:

你好!

从你前日的来信中得知你正为安妮沉迷于化妆的事情发愁呢。你用"不学好"这样的话定义安妮热衷化妆,我觉得你的指责未免太缺乏智慧和幽默感了。放松点,别把孩子这样的小动作当个什么大事儿来抓。你想太多了,反倒会启发孩子"胡思乱想"。

琳达前两年也曾有过喜欢摆弄我的化妆品的阶段,一逮着可以不穿校服的周末,就会涂脂抹粉,花枝招展地偷偷往外溜。虽说用"冬天穿裤衩"来比喻有点夸张,但大热天糊一脸化妆品的洋相我也是领教过的,那样子又可气又可笑。当时我心里也嘀嘀咕咕,这是读书去还是要唱戏去呀?不过,想想自己当年这个时候,不也是一样吗?浓眉大眼还不知足,非得化成熊猫眼才肯罢休,最"坏"的动机也不过是吸引一下自己喜欢的男孩子的眼球而已,想想也是人之常情,这和成人化妆的目的其实区别并不很大。如果把这个结解开了，下面怎么化妆的问题就好办了。

你的忧虑无非是怕安妮把时间和精力总投在这个上面，从而耽误了学业，这里我教给你一个欲擒故纵的法子，不妨一试。

琳达本来是个樱桃小口的模样，化一点淡妆其实最是恰到好处的。可有段时间的她，就偏偏觉着不把嘴搞成"血盆大口"就不叫化妆，任凭我如何挖苦讽刺，这孩子就是不听。还有，她小包里多出来的那些彩妆用品是打哪来的，也成了我心里的一块阴云。一日，我计上心来，趁她在家的时候，使出了浑身解数，把自己来了个浓墨重彩，然后在她眼前溜达了好几个来回。终于，我看到琳达睁大的眼睛："妈，你这是要上哪儿啊？"我不动声色地边准备拉门边答："和朋友出去吃饭，怎么了？"琳达一下子蹿过来："千万别走，你照照镜子，看看自己的样子，也不怕别人把你当成扭秧歌的？"我佯装坚持出门："我觉得挺好，化妆就得让人看出来才成，不然还叫化妆？"琳达一看我真要出门，急了："妈，你真的不能出门，要不我给你化吧。"听到这句话，我知道自己的计策已经实现了一半，剩下的就是贡献出自己的这张脸，让琳达在上面做各种各样的实验了。在琳达给我的脸忙活的一个小时的时间里，我不仅刺探出琳达是从什么途径获取化妆品的，还就自己少年时代化妆的"坏动机"和她分享了一番。这么一来，当我再提起诸如"血盆大口""熊猫眼"这类描述她平日模样的敏感词时，琳达也就放松了对我的警惕，不像往日那么敌视我的挖苦了。一切猜疑、隔阂都在谈笑间烟消云散，我劝她化淡妆的那些忠言，她也就欣然接受了。

自从那次以后，琳达和我在化妆这件事上不再有什么冲突，原先她化妆都是把卫生间的门关得紧紧的，现在也有道门缝可以供我随时参观了。化妆品我们互通有无，也不那么掖着藏着了。不过，我还是觉得琳达在化妆上用的时间有点多，而且，那么嫩的脸，老化妆也不是什么好事，所以，下一步，我想着，是不是把全家的脸都包给琳达化，我就不信，她化不腻？

总之，还是放松点儿，没什么大不了的事儿。化妆，其实就是"在脸上画画"，仅此而已。

再叙！

姐姐

一张纸巾的力量

生活真是个最称职的导师，在她面前我们都是孩子

珮嘉：

  你好！

  半年前，电视里播了一个新闻，大意是一个老人在昏倒后被好心的路人救助，老人醒来后不但不感谢，反倒诬陷救助者，让做了善事的人有口难辩。琳达和安妮看了这条消息后十分气愤，嘟囔着"我们以后不要同情陌生人了"。在这样的情况下，我一时还真想不出怎样回应孩子们的愤怒和疑惑，只好用"别瞎说"来勉强履行一下我做家长的职责。可仅几个月之后，就又爆出了黑龙江十七岁女孩胡伊萱因为帮助一名假装肚子疼的孕妇而葬送了自己如花的生命的事件。这次，别说是孩子，连我这个成年人都有些黑白难辨的感觉。"同情"二字在孩子们心中的去留再次命悬一线。而当我为此一筹莫展的时候，琳达却在生活中找到了答案，下面是琳达给安妮的信，看后我很有感触，也发给你看看。

"安妮：还记得春节你回北京的时候咱们说'以后不要再同情陌生人'的话了吗？今天通过一件事，我觉得这样说还是有些不妥。今天上午，我和几个同学做志愿者服务，任务是到每个家庭做社区服务满意度调查。我们好心好意敲居民的门，可回应的大都是狗叫或是不客气的闭门羹，只有少数人会打开门帮我们填写答卷。要不是这些好心人伸出援手，我们这志愿者的任务还真是难交差呢！这件事让我想到，其实我们每个人都有需要同情的时候，因为每个人都会幼小、衰老和脆弱，面临疾病或是贫穷的困扰……"

看到这些话，我第一感觉就是：咱们平日引导孩子们从生活中获得思考的努力真是没有白费。而让我感动的还不止这封信所带给我们的启发。

今天带琳达乘公共汽车到少年宫打球，车上有个女孩子晕车，伴随着呕吐，鼻涕眼泪一起落到了塑料袋里。周围的人对此都很漠视，没有人愿意给这个女孩子让座，离女孩子较近的人们还露出了嫌弃的表情。虽说车厢里表面上很平静，遇到这样的事情，相信很多人的内心都会起些小波澜。我和琳达站在离女孩子不远的地方，可惜我们都没有座位，当然也自知没有权利要求有座位的人让座。就在我这个家长又一次在"同情心"问题上感到尴尬的时候，却是琳达的一个举动解了我的围。只见小家伙儿从书包里掏出了一张纸巾，无声地示意身边的一个乘客通过另一个乘客传给了那个女孩子。让人始料不及的是，这次安静而默契的传递，竟使车厢里的气氛陡然发生了变化，一张纸巾竟能生出如此大的力量——坐着的人恍然间发现了身边那个可怜的女孩子，还有很多搀扶的手伸了出来……琳达为此特别开心。我也确信，同情的种子已经深深地扎根于孩子的心间了。

很难想象，一张薄薄的纸巾竟能如此拨动人们的心弦。久违的同情心仅在几秒钟的默默传递中便能迅速回归，可见人们对真善美渴望的力量还是很强大的。之后，琳达还在日记里写下这样的话："我们在给予他人同情的时候，受益者还真不只是那个需要帮助的弱者。送人玫瑰，手有余香，其实，'施主'心灵所沐浴的滋养也同样令人享受。"

如果咱们现在和孩子们说，同情是人类多么美好的一种情感，想必会毫无障碍了。生活真是个最称职的导师，在她面前我们都是孩子，有什么不懂的，她总能找到合适的途径解决我们的疑惑。

再叙！

姐姐

眷属仍是有情人

"审美疲劳",描画的不正是我们这些现代夫妇间的常态吗?

珮嘉:

你好!

来信说艾森的父母,一对年过古稀的老人,从墨尔本远道飞来悉尼,竟然只是为了听一场两小时的音乐会。照片中,他们满头银发,目光恬静,让人想起《诗经》中"与子偕行"一句。这样的情形实在令人为之心动。在我们国家,别说是老年夫妻,就是年轻夫妇也少见这样的闲情呀!

中国有句老话:愿天下有情人终成眷属。可在生活中,成了眷属的有情人,往往随着柴米油盐这些琐事的接踵而至,对那个"情"字的期待也逐渐起了失望之心。"审美疲劳",描画的不正是我们这些现代夫妇间的常态吗?哪里还会生出一起坐飞机去听音乐会的念头呢?

前日,琳达班里的老师出了个《青春与爱情》的题目让孩子们思考。这正合了我的意,不然我们这些家长是很难找到借口和孩子们聊到这个话题上来的。

你信上说艾森父母的事情真是极好的教材。这让我想起琦君在一篇文章中提到的石家兴先生的一句话"愿天下眷属都是有情人"。这句话，无论对于我们还是对于孩子，都值得深深体会。有些东方传统价值观背后的真谛，若不能早早植根于孩子们的心灵，现代社会中一些肤浅的生活理念便会占据他们的心。

以往，无论是生活中还是文艺作品里，都会把"愿天下有情人终成眷属"作为终极目标来追求，可事实上，若是让天下的眷属总是一对儿有情人，也并非一件很容易做到的事情。"要修到神仙眷属，须做得柴米夫妻"这样的老话，乍听起来虽然有些煞风景，扫了年轻人卿卿我我的兴致，但却是真真正正的金玉良言。我们在羡慕西方人乘飞机赴音乐会的浪漫的同时，也应当知道他们为培育房前屋后的花园所洒下的汗水。细品，其实天下的事情都是一样的，没有艰苦的付出，哪里会得到美味的浆果？回头想来，我们虽不像西方人那么浪漫，但又何尝没有自己民族的深沉呢？此次回乡，为祖父母合葬，算算，两位老人有生之年，相濡以沫长达半个多世纪之久，其实，这样的深情同样值得世人称道，也让我们子孙永远铭记和效仿。

上面的话，可能会让那些少男少女们海誓山盟后，不免若有所失，但却是我们身为孩子们的父母一定要给琳达她们的忠言，也算是一种给她们火热的心情泼冷水的智慧吧。

再叙！

姐姐

"加塞儿"有理

你为什么不拦住她呢？她该排队的

珮嘉：

你好！

安妮已经安全抵达悉尼了，琳达见了妹妹特别兴奋，小姐俩抱在一起的样子真是让人看了开心。而在机场发生的一个小插曲让我觉着，你的宝贝女儿不但个子高了，心智也逐渐成熟了。

提了行李之后，我陪两个孩子去卫生间，因为人多，大家很自然地排起了队。好不容易快到安妮了，忽然从门外面来了个六十岁上下的老太太，从她愣头愣脑的动作一眼就能辨出，这是位初来乍到的中国同胞。老太太旁若无人地走到了排在第一个的安妮的前面，向里面张望有没有空位，好像所有在安安静静排队的人她都没有看见一样。正当大家都没反应过来这位老太太为什么不遵守排队上厕所的"国际惯例"时，忽然有个门打开了，老太太便不慌不忙地迈步进去，以迅雷不及掩耳之势，完成了对在场"各国人民"的突袭。看到这一幕，排在安妮后面的琳达生气地对安妮说："你为什么不拦住她呢？她该排队的。"站在一旁的我也觉得这老太太的无礼行为有损中国人在海外的形象，特别是当听到后面的洋人叽叽咕咕地小声嘟囔"Chinese"如何如何时，更是替这老太太脸红。可你知道吗，比老太太给我带来的意外更令我吃惊的是安妮对琳达说的一番话："你看老人家慌慌张张的样子，一定对这里很陌生，她又不懂英文，怎么能要求她搞懂这里上厕所的规矩呢？不懂规矩，哪可能有能力遵守规矩呢？她又是老人，咱们就谅解她吧。"我注意到，安妮讲这番话用的是英文，我会意这孩子的用意，她这些话不但是讲给琳达听的，同时也是向后面的外国人解释这个中国老人的情况，以求得大家的理解。

近几年，我们在媒体上总是能看到关于中国人在国外怎么不守规矩、如何"现眼"的指责，鲜有安妮这样充满同情和理解的解围声。告诉你这个小故事，让你也重新认识一下这个总是跟你拧着劲儿的女儿的真面目吧。你高兴吗？

再叙！

姐姐

安静的习俗是怎样炼成的

我可见识过这三个孩子在游乐场怎么"猴儿"的模样

珮嘉：

你好！

上次来信中谈到你对华盛顿小学校的第一印象是洋娃娃们都很文静、自信，对此我很有同感。在美国的博物馆里参观，见到的常常是小孩子们一反平时活泼过度的样子，安静而专注，包括类似听音乐会、参加教堂典礼这样的活动，举手投足，都得体得令人生疑。有时我甚至想：平日里，洋人的孩子都挺能"反"的，是不是干正事之前父母给什么药吃了？

说到这里，我不禁想起去年我们单位出国时的一个笑话。我们的领导在行前动员会上特别强调，"到了欧洲要特别注意说话的声音，人家西方人最看不惯我们中国人旁若无人地大声喧哗了"。结果，在巴黎的机场，就这位领导说话的声音最大，搞得大伙一起被洋人"翻白眼"。

那件事情给我的触动很大，一个在我们看来算得上是高素养的知识分子出身的领导，在明知公共场所大声讲话是很失礼的情况下,仍然不能自持,原因何在?从那以后,一到国外,我就会有意无意地关注洋人那种低声说话习惯的由来,但看到的却往往都是现象,直到这次赴美探亲,我自觉终于发现了一把解决我这个疑惑的钥匙,那便是——影响的力量,而且是长期而耐心的影响。

在纽约的时候,正赶上春节,我包了饺子,送了邻居Mike家一盖碟儿,出门的时候,三个孩子都被他们夫妇不厌其烦地一个个从各自的房间中叫了出来,学着父母的样子,像小大人儿似的过来道谢,规规矩矩的做派和平时的他们判若两人。不禁暗笑,我可见识过这三个孩子在游乐场怎么"猴儿"的模样。这下可好,送出了饺子,我却收获了个大大的问号——是不是所有的家庭都如此这般呢?直到今年夏天,一次偶然的场景被我遇到,似乎才使这个疑问的解开有了些眉目。

8月的一个下午,我到华盛顿国家艺术馆参观,正被艺术馆的安静搞得昏昏欲睡的当口,展室里突然传出一个两岁左右孩子的大哭声。这样的声音出现在西方的艺术馆,令人诧异的程度可想而知,我顿时被吓醒,并怀着浓厚的兴趣准备观赏这更有趣的"展中展"。这也是我在国外很少遇到的他们白人世界的尴尬。在所有在场人惊奇目光的照射下,小孩子被那个很绅士的父亲匆匆抱下座椅,像是尊小佛像似的被请到了展室一侧的石阶上。出乎意料的是,他并没有用我预想的高一些的声音有效地压倒孩子的啼哭,而是焦急地对着满脸飞泪的儿子发出微弱的"安静"指令,其表情可谓诚恳之至,样子更像是在祈祷。可那小孩子哪里懂得他老爸的处境,坚持着他"大哭"的立场。看到这一幕,我先是觉得这场面滑稽,心想,这要是在

015

俺们那儿，妈妈一声呵斥，再加上给屁股两巴掌，一切便可瞬时搞定。

时隔数月，现在想来，我那种能很快地控制小孩子"捣乱"局面的"快捷方式"，严格说并非教育；而那位父亲看似无能的请求倒是包含着我们中国那句"身教重于言教"的古训。后来，经过和洋人交流才知道，他们的假设是小孩子并不无知，我们成人的一言一行都会扎根于他们的心间。

因此，若使我们的孩子今后真正融入西方环境，单是从"在公共场合自然地安静下来"这一点看，家庭对孩子的影响才是正根儿。不是从娃娃做起，而是要从父母做起。

再叙！

姐姐

一天等于一生

孩子们把这些话当耳边风其实是很正常的

珮嘉:

你好!

来信多次提到安妮在国外的生活过于松散,而你那些关于"滴水穿石"的教导对她几乎不产生任何影响。对此我也很焦虑,这样下去,安妮无疑会与她曾经的远大理想渐行渐远。

长久以来,之所以没有触碰这个问题自有我的难处。其实何止是孩子,我们成年人的生活又何尝不是"明日复明日,明日何其多"呢?

前日,整理书柜,看到甄炳禧先生所著的那本《美国新经济》,忽想起他当年对我说,这本书的形成是他在美八年多,三千天的研究沉淀。后来在北京的修改,日日泡在咖啡馆,也是字字浸满了盛夏的炎热。今天,安妮来电话,我和她说起当年甄先生所云,并告诉她我就此悟出的一个道理:一天其实等于人的一生!

我们想要使自己成为什么样的人,每天的一举一动就是在勾勒这个人的样子;我们要想成就一件伟大的事情,分分秒秒的所作所为都在为此添砖加瓦。这和画自画像或完成一座大厦的建造非常相似，没有日日的劳作，一切就是纸上谈兵和空中楼阁。而我自己呢，几十年来，一向认为一天的时光是那么微小，不值一提，现在我才知道这是多么大的错误。安妮对我在电话里真诚的检讨很是认同，还贡献了自己的感受佐证我的观点。我很意外，你向我抱怨这么多时日的难题，怎么会如此快地被解开了呢？对此我琢磨了好几天，终究也拿不准是不是下面写下的原因。

　　原先的我和你一样，也常拿"不积跬步，无以至千里"和"明日歌"一类的警句教导孩子们，却很少想到自己在珍惜时光这个问题上是多么需要反省——在我们向孩子们发号施令的时候，若是自己难做到的，或是不认同的一些美德，孩子们把这些话当耳边风其实是很正常的。美德是个好东西，但要处处做到的确不是件容易的事。就拿我自己来说，我明明知道锻炼身体、保持体重是件大好事，于是花了大价钱买健身卡，不遗余力地置办行头，最终却是不了了之。其实在我身上，类似健身这样的烂尾工程又何止这一件呢？由此看来，坚守美德的确要克服人与生俱来的很多劣根性，不是靠痛下决心或发号施令就能轻易办到的。如果我们希望孩子们能拥有我们所希望看到的美德，我们要做的不是强迫他们把美德穿在身上，而是要想办法让他们自己长出美德的小芽，理解这些嫩芽成长中遇到的困难，一点点扶植，最终根深蒂固。这些办法中，想必身教重于言教当是要领之最。当然，这是最有效，也是最难做到的一点。

　　再叙！

姐姐

当朋友忘记还钱

我的话把大家都逗笑了,可惜那个欠钱的同学还是没有还钱的意思

珮嘉:

你好!

好久没有写信给你了,安妮回国过暑假很愉快,在北京和琳达交流很多,一切都好。

有时听她俩聊天,挺逗的,说给你开开心。一天,琳达回家问安妮:"你说,别人欠我钱忘了还,我该不该问人家要呀?"安妮毫不犹豫地答:"当然得要了!"琳达答:"那多不好意思开口啊!才八块钱。"安妮桌子一拍:"姐姐,你好傻,不好意思的是借钱忘了还的人。你提醒他,他只会责备自己,不会怪你的。"安妮见琳达不言语,接着说:"反正在我们那里(指美国学校)这种事没什么可说的,一个字'还'!"

第二天,琳达一放学回家,安妮就拉着姐姐追问:"姐姐,你同学借的钱还了吗?"琳达答:"我暗示他了,人家没搭碴儿,嗨!还是算了吧!"安妮焦急地问:"你怎么说的?"琳达答道:"下课,我们在操场玩的时候,我当着那个欠钱的同学和

另一个同学的面说'快看那朵云多美呀!',正当他们俩向我手指的方向看的时候,我冲着向我借钱的同学说:'多像你欠我的那些钱呀!'我的话把大家都逗笑了,可惜那个欠钱的同学还是没有还钱的意思。"安妮一听这个结果,想是自己之前对姐姐说的话都白费了,着急地跑到我面前求助:"姐姐好笨,人家欠她的钱不还,她为什么不能和人家直接要呢?不还钱明明是不对的,怎么可以不纠正呢?"看小家伙着急的样子,我若是再不认真对她,想必她会真生我气了:"安妮,你有没有想过,如果琳达真的和人家开口讨债,人家会怎么想呢?""当然会想'真糗啊!怎么把这事忘了,还让人家讨债上门了'。"安妮对答如流。接着安妮的回答,我继续问她:"难道欠钱的人就只有这一个想法吗?"安妮想了想,老老实实地答道:"也还是有点不舒服。"过了一会儿,安妮居然还给我讲了段她在美国学校的经历来解释这个"不舒服"的来历。

一天早上,安妮刚到教室,屁股还没坐稳,丽莎就冲到她面前:"安妮,昨天你借我那'夸脱'(美元两毛五)赶紧还我。"安妮还没被别人这样追过债,赶忙从口袋里摸钱:"不就是一个'夸脱'吗?至于吗?"本是一句开玩笑的话,没想到丽莎却急了,马上瞪起了眼,伸出四个手指头大叫道:"两毛五!四个'夸脱'等于一个比萨,你懂吗?"看着安妮绘声绘色地用英语模仿着丽莎说话时的样子,真是好笑。

笑完了,我问安妮:"你被人家要账,除了你说的那个'真糗',你日后还会和这样的讨债者毫无障碍地交往吗?"安妮认真地想了想,答道:"也许不会和以前那样毫无顾虑地向她借东西了,会保持距离。那姨妈你的意思是姐姐那八块钱就不要了?"我说:"这样看你选什么?"安妮小心地说:"姨妈,你是不是又要说'不要总想着得到什么,也要知道你为了得到会失去什么'?那叫什么来着?"我笑道:"那叫'机会成本'。"安妮笑道:"你们大人的脑子真是好复杂啊!"我说:"其实你完全可以选择简单。"安妮说:"我才不呢!"

其实欠账还钱这样的事在生活中遇到的还真不少呢,原来没有多想过,这回通过孩子的经历也算是借此机会细想想。后来想,也许我的观点并不对,丽莎的做法更能让人与人之间的友谊纯粹些?

再叙!

姐姐

孩子的往事

赞美的话很甜蜜，批评的话也很不留情面

姐姐：

你好！

昨天安妮从学校带回了一个老笔记本，里边是她三年前，上九年级时写的作文。现在看来，当时安妮写的东西是多么幼稚可笑啊！如今，孩子已经十一年级了，写作水平已不可与当年同日而语，要是我的话，一定不会把学生的这些"陈芝麻"留到现在的。而时隔那么久，莱文老师居然把这些本子又发回到孩子们的手中了。安妮说："我记得这个本子是九年级文学课期末的时候，莱文老师收上去的。"

安妮学舌说，早晨，她是第一个进教室的，看见好久未见的莱文老师站在讲台那里，微笑着招呼她过去，并从桌上一摞本子中翻出了她的那本。安妮接到本子时，并不知道接下来会怎样。回到座位上打开一看，她傻了眼——这不是自己三年前的笔记本吗！这太不可思议了！抬眼看见陆续领了自己的本子的同学，大家无不惊奇地面面相觑。

安妮指着本子上一篇读书笔记给我念道:"我觉得那个时候读的最好的书是《汤姆叔叔的小屋》……"在这篇小作文旁边,是安妮想象着汤姆叔叔的小屋的样子,画的一所小房子,紧挨着的是莱文老师写下的眉批:"It's a nice house(多美好的房子)!"

莱文老师给我留下的印象比较深。在我的记忆中,他,一个小个子,安静,说话慢,第一次开家长会,告诉我不要为安妮的成绩着急,九年级的成绩是不列入大学的申请档案的。估计是人家觉得安妮当时刚刚来美国,阅读写作水平低吧,那话听起来像是在安慰我似的。这个莱文老师,非常喜欢让学生写那种意识流的文章,还经常组织学生之间相互写作文评语。有时我看安妮本子上同学的评语挺有意思,赞美的话很甜蜜,批评的话也很不留情面,类似"我根本看不懂你在说什么"这种话,时不时就会冒出来。西方人之间不大讲人情世故的一面,由此可见一斑。莱文老师还有一招就是,他班上的学生可以毛遂自荐将自己的作文拿出来给同学评,我理解为"挑动群众斗群众",我这么说,安妮觉得挺形象。

莱文老师应当是韩裔美国人,姓氏发音为绸子的绸,孩子们对他最亲密的称呼是"臭老师"。臭老师的家庭条件不错,有自己的农场。我记得安妮九年级的时候带回来过一些农产品,说是臭老师自家地里产的,都是有机的,样子土里土气,但味道非常浓郁。在我看来,他能精心保留学生们的作业本,真是难得一片苦心,由此看出他有东方人的细腻。

想到这些,我不禁好奇地问安妮:"这几年,莱文老师把你们的这些老作业本放到哪里保存呢?"安妮答:"就放在学校楼道他那个柜子里了呀！"我问："莱文老师真的像你说的，没事会拿出来看那些作业本吗？他这么用心，居然保留到现在，还在你们高年级的时候还给你们。人家一定都很喜欢他吧。"安妮翻着白眼儿，使劲儿想了想说："好像也不是所有的同学后来都选他的课。各人都有各人的想法。我们小孩的心你们大人是不懂的，别老是主观臆想出那些不存在的人情啊。"谈话在安妮挥手转身的当口就此中断。

我呆站在原地，仔细一想，后来安妮从十年级开始的确没有选他的课。我再去开家长会，只记得曾望见他的背影，个子还是显得很小，一个大大的背包罩在他的身上，像是背着一座山，但走起路来有风声，很坚决的步伐。

对于这样一位老师，我这个家长是心存感激的，可是看看安妮那满不在乎的样子，也不知她心里在想什么。她到底是不是能体会老师对学生这份深情呢？想到这里真是有种说不出的感觉，还是先写下来留个念想吧。希望她长大以后，看到这信会记着人家对她的那些好儿。

再叙！

珮嘉

为了航行的航行

生活的诗意尽在其中,即使久困樊笼

珮嘉:

　　你好!

　　上次来信说起莱文老师为学生们精心保存笔记本的事情,读后非常感动。比起咱们东方人,原来总是认为西方人多是无情的,可今天,经你这么一讲,这西方人不但是有情有义,而且那份情还够深沉的,孩子们的笔记本,一留就是三年。

　　信中看出你对安妮是否领情有些担忧。要我看,你未免多虑,更不必操之过急地硬让她跑到老师那里去道谢。我想,只要这本子留得时间足够长,你还怕将来成人的安妮不感念老师的恩德吗?

　　莱文老师奉还孩子们旧笔记本的事,不但让我感动,还让我深深自责。原来,每逢暑假,我都催促着琳达把用过的教科书、作业本和考试卷子处理掉,免得家里乱。现在想来,那是多么无知的做法呀。那些记载着孩子们成长印迹的书籍和本子,上面的字字句句看上去虽然不那么漂亮,可仔细想想,却又是何等珍贵的财产啊!

　　从另一个角度讲,我们把孩子的书本当作破烂送到废品回收站,实际也折射出我们的一种心态,那便是我们把生活当成了一场只为了目的地的旅行!在旅途中,我们看中的是我们到底离目的地还有多少个台阶,我们生命的终点将会站上哪个高度,在我们脑子里,凡是和战绩无关的,都是不值一提的。

　　西班牙哲学家桑塔雅那笔下有这样一只轮船,这船的目的地是"蓝色的天堂"。旅途中,大家在船长的带领下,除了乘风破浪,还是乘风破浪,而一位哲学家则说道:"重要的不是要担心目的地的港湾,而是享受旅途的快乐。"而后,人们听到,一些真正的水手喊道:"让我们为了航行而航行吧!"至于寻找"蓝色的天堂"那件事,桑塔雅那是这么说的:嗨!它一直就在我们的头顶!

　　人生在世,不能只为追求一个结果而活,更不可为了那个结果而潦草地对待人生旅途中所遇到的风景。"蓝色的天堂"是我们的终点,固然值得追求,而生活的多彩一样也值得我们记住和收藏。

　　今天收到三联出版社的编辑送我的两个日记本,上面印有日本江户时代的浮世绘作品《富岳三十六景》,记录的是日本二百年前的自然与生活,上面这样写道:

　　　　山川、草木、大海、行人
　　　　一句诗文、一面风景、一座或巍峨或灵动的富士山
　　　　精美的浮世绘配上隽永的俳句、季语、短歌
　　　　生活的诗意尽在其中

即使久困樊笼

也能感受到生活之趣、人文之趣、自然之趣

这两个日记本还有个亲切的题目——《生活·早安》。我想把红色的给你，我留蓝色的那本，让我们把2017年的生活珍藏在这里吧。

再叙！

姐姐

佣奴贩妇皆冰玉

这些人的生活看上去和艺术无缘,可他们又何尝没有对艺术的渴望呢?

珮嘉:

　　你好!

　　来信说安妮正在为一篇作文发愁。我以为是什么高深的题目,原来是"感动我的一幕"。不过,细想想,安妮的发愁也有道理,我们平日身处都市,作息大都模式化,并没有太多的波澜,所以文章做着困难也是非常合理的。做这样的文章,以我的经验,必要平时笔头勤些,不然一时哪里会有那么可巧的题材可写呢?

　　记得不久前,国家博物馆举办了德国启蒙艺术展,展览非常精彩,虽然是有偿的展览,人还是很多。我和琳达去了两次,觉得不过瘾,闭幕那天又跑去国博,没想到,这天的展览竟然不要票了。我们盘算着看完展览后,一定要把这省下的六十元钱换成咖啡和冰激凌。

　　可能是快闭幕了,来参观的人并不多。因为之前我们来过两次的缘故,所以这次并不需要死盯着每幅画的说明去辨认作品的原委，因此也就散漫了些。就在我们转到雕塑展区的时候，暗的展室中，我突然注意到在我对面的三位观者，他们看雕像的姿势和神情并不一般，不是站着，而是蹲着，围着雕像上看下看，左看右看。我拽着琳达耳语："看看人家内行是怎么欣赏艺术的！"琳达把嘴贴到我耳朵上，用更小的声音示意我跟着她走。昏暗中，我被琳达拉着绕到这三个人的后面，定睛望去，这几位背上斗大的五个白色大字着实让我吃惊不小：天安门环卫。

结束了参观，我和琳达走到博物馆一楼的咖啡厅，把那六十元门票换成了冰激凌和咖啡，这顿午茶的话题自然就是那三位蹲在地上看展览的环卫工人了。

德国启蒙艺术展并非一个很大众化的展览，它需要观者有一定的艺术知识的储备。在我们家老老少少几代人中，也只有我和女儿会来参观这个展览。我问琳达："你说，他们能看懂吗？"琳达说："嗨，其实看不懂也没什么。看，总比不看强。"听琳达答话还挺有想法，我便有了想探探她心思的兴致："要说这几个哥儿还真是不一般呢。你看啊，这些环卫工人成天和脏累为伍，我真纳闷儿，他们怎么会有看艺术展的心情的？"琳达笑道："而且还那么认真，要是换了我，去睡个好觉要紧。"这会儿我忽然想起家中书柜里那本《艺术：让人成为人》，说的不就是刚刚发生在我们眼前的事情吗？我把这话说给了琳达，她边吃冰激凌边琢磨："这事儿还真让人感动呢！这些人的生活看上去和艺术无缘，可他们又何尝没有对艺术的渴望呢？"

回到家，琳达马上就把这个事记在她的小本子上了："今天

029

所见正如东坡诗云：佣奴贩妇皆冰玉。感动至极！"

  "感动我的一幕"事实上，很多时候会出现在我们的眼前，即使是在平平常常的生活中，关键是我们有没有能力去捕捉到它。

  再叙！

姐姐

填不平的代沟

嗨，我们坐着轿车还要系上安全带

珮嘉：

你好！

来信说最近你陪妈妈去悉尼旅行了，这太好了。妈妈为我们辛辛苦苦一辈子，晚年如此快乐，这实在是她应得的。你信中那些抱怨和妈妈有代沟的话我也看到了，这里，我也正好得着一件趣事和你共鸣。

今天是爸爸的生日，正值北京的秋天，想想还是去西山那边，一来他熟悉，二来我和你姐夫也难得同时有空陪他，一起吃点好的，为他祝祝寿，也尽尽我们的孝心。没想到此行却遇到了你常常和我念叨的那个"代沟"。不同的是，这次不是我们和孩子间的，却是老辈儿和我们之间的。

在山间走了一个多小时，大家都有些累了，恰好也到了我事先订好的饭店附近。一边心中庆幸自己的计划如此合理，一边随着服务员的引导进了饭店的大门。谈笑间，你姐夫忽然问："爸呢？"我这才发现老寿星不见了，忙跑出大门张望。

嘿，敢情在湖边的大树下站着呢！我忙跑过去问："爸，干吗不进来呀？您是主角儿啊！"爸爸沉着脸："上次在这儿吃饭我就上当了，这么贵，干吗呀？要吃你们自己吃吧，我才不去！"无疑，这番不给我留面子的话已经被正赶过来的你姐夫听了去。见此，我也没好气地回敬了爸爸："哪回是让您花钱了？您不就是想图便宜，去公园门口的那些小饭馆吗？"爸爸也不示弱："你多高贵呀，小饭馆怎么了？不是你这种人去的？"眼见着我和爸爸的火儿真要起来了，你姐夫忙解围："换个地方也不难。"

我们都觉得无趣，重新坐回了车，虽然大家身体被笼在这狭小的空间里，相信心思都不在一处。我系上安全带坐在副驾驶，一路上只望着窗外，不和后座的爸爸说话。

进城时已是接近下午两点，大家都还饿着肚子，想想今天是爸爸的生日，这个时候较真儿似乎也没意思。恰好等红灯的时候，我忽然望见停在我们前面的一辆卡车，满满一车的钢筋不说，居然上面还坐着七八个灰头土脸的民工。于是我没话搭话，指着那卡车让爸爸看。爸爸似乎没有记我的仇儿，靠在后排冲着我的后脑勺感叹："看这些人，手都没个地方扶，这一刹车不出事才怪。嗨，我们坐着轿车还要系上安全带。要不是读了大学，进了北京，我和他们也是一样的。"听了这话，我如梦方醒，似乎突然了解到爸爸方才的"倔"是打哪儿来的了，看来爸爸一直都没忘记自己是个苦出身，受苦才是他的本分。因为路上堵车，这车一直不离我们左右。两辆车虽然近在咫尺，可车上的人彼此却都没有对望。

之前，你我没少为和孩子们之间的代沟而苦恼吧：我们总想努力去填平它,现在想来其实那都是徒劳的。代沟的产生,是源于各自过往的生活,而时间怎么可能倒流呢?我们不会再去重温20世纪50年代父辈衣单食缺的生活,他们当然也见不得我们把美味的点心喂野鸭子取乐。我们可以做到的唯有彼此理解了。你想想,不惑之年的我们揣度父辈的心思都要经过如此波折,更不要说和不谙世事的孩子沟通了。所以我们还得加倍耐心些才对。

  再叙!

姐姐

蚊子在叮他！

在社会中生存，人们会见到一个接一个的不合理

珮嘉：

你好！

来信说，最近你们总能听到隔壁的小孩子在晚上七点钟哭闹的声音。后来知道，那是五岁的小桐桐于妈妈的监督下在练琴。你说这几天，安妮总催你去敲邻居家的门，说是要拉上你们，和人家的爸爸妈妈理论一番。一边是可怜天下父母心，一边是孩子不堪重压的哭声，你这种纠结的心情是不难理解的。

你来信说，情况并没有到一个儿童正在遭受成人虐待的程度，所以，你不能去敲邻居的门，但你躲不过得给安妮一个交代，毕竟，这样的教育方式还是欠妥的。这个问题还真使我为难了不少天。是啊，生活中，有很多事情是很复杂的，并不那么好说清楚。有些提议明明是对的，却不能公开点头；有些做法明明是错的，却难以直言不讳地指出其弊端所在。这也许就是"山中有直树，世上无直人"这句古语里头的一层意思吧。由此可见，我们生活中常遇到的一种情形：并不是所有的问题

人们都能快刀斩乱麻地解决的。而对于孩子们类似的提问，是不是可以采取迂回的方法回答呢？

　　我这里有一个小经历，看看是否可以在这件事上帮到你。今天，在地铁里看到一只蚊子落在我不远处一位男士的腿上，那蚊子在吸这人的血，如果按照我内心的想法，我最好是一个箭步过去当场拍死那只蚊子，但我若是真这么做了，这位先生会怎么看待我呢？无疑，他会觉得我是个疯子，退一步讲，即使这位先生搞清了我的初衷是为他着想，我相信他仍然会觉得我的行为是不得体的，甚至是不可思议的。

　　但当我选择了不再去看那只蚊子后，心里又有些不落忍。所以，一分钟以后，我忍不住把眼睛转向了那位先生被蚊子叮过的腿，果然是个肿起的大包外加一只正在挠痒痒的大手，我好不愧疚。可是，你若是让我重新选择如何对付先前那只趴在别人腿上吸血的蚊子，我又能怎样呢？毕竟还是不能去拍人家的腿呀！

　　生活的复杂性就是这样，在社会中生存，人们会见到一个接一个的不合理，如何看待这些不合理并处理这些不合理，是躲避还是直言不讳，答案往往是多元的，需要我们动很多脑筋来选择。

　　记得有一次，仍是在公共汽车上，一个女孩子上车没有刷卡买票，被看到后，这个女孩儿向售票员解释，之所以不能刷卡买票是因为自己的钱包和交通卡通通忘记在办公室了。可那个售票员就是坚持上车要买票的观点，不肯放过她。眼看这个女孩儿就要错过自己要下车的地方了，此时，也不知怎么的，原本喧闹的车厢里却鸦雀无声，我估计在座的一些人是在心里谴责这个想"蹭车"的女孩儿，而另一些则是看着女孩儿眼里要滚出的泪动了恻隐之心。不错，在停车的刹那，我替那女孩儿掏了两块钱。女孩儿没有说谢就飞快地冲下了车。从她的背影，我无从判断她脸上的泪代表的是羞愧还是委屈。所以，那两块钱表达的是宽恕还是同情也就不得而知了。而两个截然不同的答案，倒是给我们教育孩子提供了难得的案例。

当有一天，我们向孩子们叙述上面这件事情结果的时候，我想，注释应是必不可少的。若是我们不加任何分析地告诉孩子们"蹭车"只是个小错，是可以被轻易放过的，将来孩子们在社会上，若因不诚实栽了跟头，根源难说就不是这里的原因。与此同时，让他们对另一种美德"宽恕"有所感受，这何尝不也是一种必要呢。

由此看来，有很多事情跟孩子一时说不清就讲故事呗。也许现在他们是当笑话听，一旦他们在生活中遇到不那么好决断的事情的时候，有了这个前奏，也就不会遇事便大惊小怪的了。

再叙！

姐姐

和螃蟹的战争

今天看到螃蟹如此惨烈地求生，顿感那颗"嗔恨之心"的存在

珮嘉：

你好！

出差都顺利吗？家里都好，勿念。

今天去唐人街买菜，途经一家中国超市，看见那里有蓝蟹，一个个非常肥美，随手买了一打，十二只，准备晚饭时享用。

我是个螃蟹爱好者，虽然各种螃蟹都吃，但江河湖海中的蟹，我最喜爱的就是蓝蟹了。蓝蟹的肉细腻，嚼时略带些甜味。春夏时节，虽然上市的蓝蟹不肥，肚里没什么货，但那时的蟹最干净，身上几乎是一尘不染，外壳软软的，颜色也是最好看的。在秋冬季节，母蟹的肚子里满是蟹子，可能是出于自我保护，身体里也掺了好多沙子，遇到这样的情况，每次都是爸爸去清理。这次他没在家，我只好亲自下手了。

睡醒午觉，我准备去厨房洗蟹。一进门，就被池子里的蟹们看到了。从墙上的挂钩上取刷子时，我从余光里感觉到，十二对眼睛都转向了我，上面的三只蟹，身体几乎立了起来。这阵

势把我也吓住了，于是我轻轻挥着刷子，意思是和它们商量：是否可以先给诸位洗个澡？但它们心里似乎早已有了对人类的判断，纷纷高举起两只大钳子，好像在跟我说："别来这套！"

两个小时很快过去，六点钟了，眼看到了快开饭的时间了，我再次进了厨房。看蟹们没有动静，我放轻了脚步。但不到一秒钟，水池里的蟹全都骚动起来，可见它们有放哨的。年幼时，我是吃过蟹钳的苦头的，于是决定降低要求，放弃用刷子给蟹洗澡这事，只要能用剪子把它们搞到锅里，盖上锅盖，就齐活了。可实际情况却没有那么简单。蟹们见我下剪子了，人家也不含糊，瞬时来了个手拉手，竟然和我掰起了腕子。嘿！这胳膊还要拧大腿了？我心想：别说是十二只螃蟹，就是再多，你们也难是我的对手呀！眼看着旁边的蒸锅上气，征服这些小东西的紧迫性更强了。而就在我即将宣告胜出，眼看一串螃蟹要落在锅里的刹那，忽然间，螃蟹们竟来了个高空坠落，再看自己紧紧握着的剪子，上面只剩下了一只螃蟹的大钳子——对手竟然断臂求生！

"不善待小动物，它们会有嗔恨之心的。"原来听到类似的劝，总也格格不入。今天看到螃蟹如此惨烈地求生，顿感那颗"嗔恨之心"的存在。

晚上，当螃蟹如我所愿，成为全家美味的时候，我不觉想起刚才的那场"战争"。从形式上说，对手已成了盘中餐，我是得胜的一方。可若是论勇气，在我心里，蟹们却是虽败犹荣。从它们向我挥拳示威，到手挽手地和我较量，直至断臂求生，每一个环节都让我震撼，让我的脑子里充满了"我再也不敢了"的歉意，难道还有比能颠覆对手思想的胜利更值得称道的胜利吗？

　　螃蟹今天的这般无畏的勇气，同时也让我联想到我们常持有的"审时度势"的人生哲学，那是个很体面的回避挑战的策略，在你我人生道路的取舍中随处可见。但人生中充满了这样"不拼"的明智，副产品恐怕少不了"遗憾"二字。有机会给孩子们讲讲这个故事，听听他们的想法，一定有意思。

　　再叙！

姐姐

融入的难度

交友的前提是双方的彼此认同

珮嘉：

你好！

来信说安妮从耶鲁的夏令营顺利返航了。从其言谈举止看，小家伙思考问题的水平的确长进了不少，而唯一不让你那么满意的是，安妮交的新朋友仍是我们的同胞居多。

你的想法其实也是我一直以来的想法。我们花了那么大力气送他们出来看世界，本意是想让孩子们尽快融入西方社会，而他们却总是往中国人堆儿里扎，似乎并不把我们这些父母的初衷放在心上。那么，是融入这件事难度很大，还是孩子们成心不求进步呢？

昨天和琳达说起这事，她似乎对咱们的"初衷"很有想法，她的反问简直就是连珠炮："妈妈你懂吗？社交和交友根本不是一档子事！""不是一个背景长起来的，除了说几句客气话，在一块儿说什么呀？""再说，好孩子和坏孩子也并不是按国籍划分的呀。洋人哪就像你们想象的都那么好呢？"看她那激动劲儿，想必是去年从悉尼带回来的无名火。

虽说琳达有点儿冲动，但有些话我倒是有共鸣的：彼此不是一种文化熏陶出来的，除了礼节性地说点儿面子上的话，还能怎样呢？这让我想起常在北海的湖面上看到的一只白鸭子，现在看来，它和其他绿头鸭相处十分融洽，一同嬉戏，有食同享，但两年前可完全不是这样。当时，那些绿头鸭对这只白鸭子的排斥是丝毫不留情面的，特别是碰着游人喂食，白鸭子总是被绿头鸭集体赶走。所以说，有些东西看上去很美，但细究起原委，背后是有另外一本稿子的，尤其是不同物种间想相互渗透彼此的生活这种事，就更不容易了。这里，我有个小经历，说给你听听。

前一段时间，我一直在追《绝望的主妇》《唐顿庄园》，看琳达放暑假不忙，就想拉她一起看。琳达是个乖顺的孩子，当时并没有说什么。但一周后，她突然跟我说："妈，咱们看一天您爱看的剧，看一天我爱看的剧怎么样？"我问："你推荐什么剧？"琳达兴冲冲打开了她的目录：《生活大爆炸》《千与千寻》《阿飞正传》……看后，我不禁脱口而出："你这都是什么呀？我哪有时间看你这些东西！"我轻蔑的口气一下惹恼了女儿："那您也别把您的爱好加在我的头上啊！"我很是不解："我介绍的这些剧，都是我觉得最有价值的经典剧，难道你不喜欢看吗？"琳达道："可我把我喜欢的剧介绍给您，您怎么就不肯接受呢？"

原本我很自信我和琳达之间的母女之情，她也知道我这个妈妈会爱她到把心都要掏出来的程度，可就是在这样的情形下，我们还是很难把自己心灵的领地让渡给对方。回过头来

041

看，也就不难理解孩子们和无亲无故的外国人之间很难融和这件事了。

知道问题的困难在哪里，才是解决问题的前提。对于安妮没有如你所愿融入洋人圈子这个事，你怪她态度不积极，我觉得对孩子不大公平。要知道，交友的前提是双方的彼此认同。退一步讲，即便是安妮硬着头皮凑上去，对方并不见得会接受这样的迎合呢。我想，你一定也不想看到孩子们为了你理想中的那个所谓"融入"而丢掉不该丢掉的东西吧。那么，就不要一味地去责怪孩子，再给他们一些时间，等他们熟悉了西方社会的环境，一切会水到渠成的。

再叙！

姐姐

三天不许吃饭

要不是这次遇上小何,恐怕我这辈子也不会知道山东和北京竟会是那么遥远

珮嘉:

你好!

来信说,安妮陪爷爷赴上海小住,大体都还不错,只是对爷爷总抢着吃剩饭的做法很是不解,而爷爷絮叨的那些早年间忍饥挨饿的往事,安妮更是不知爷爷在说什么。看到孩子对老一辈勤俭生活态度的那股漠然劲儿,你对安妮的意见很大,你说,像节约粮食这些事情,咱们这一代人是无师自通的,这些小孩子之所以那么不懂事,纯粹是欠饿,饿三天肚子,就什么都懂了。

原先,我和你的想法何尝不同,不过,等我向你描述一下我和我办公室一位年轻同事的对话后,你就会明白,恐怕三天不许吃饭的,你我也得算在里面。

那是冬天的一个午后,吃了中饭,我跑到楼下买了两块烤白薯打算做饭后甜点。在楼道里,正好遇到同事小袁。小袁是刚分配到我们这里来的大学生,安徽人,爱好运动,饭量很

大。"尝尝我们北京特产。"我把手中的一块烤白薯顺手递给小袁,想他一定喜欢。没想到小袁竟然说:"姐,我真不是跟你客气,我是最害怕闻这个味道的。"我很奇怪:"烤白薯,又香又甜,你尝了才知道,很好吃的。"谁知小袁竟苦着脸对我说:"我的姐姐,你知道吗?我上高中的三年,几乎天天都吃这东西,可不是零食,是当饭吃的。所以,不要说吃,闻一闻,我都会受不了。"我当时听小袁这话,脑子里都有些转不过来,小袁,不是八〇后的年轻人嘛,怎么……由此我才知道,自己是多么孤陋寡闻,和父辈一样贫穷的还有和我们同时代的人,甚至是比我们小的孩子,而且就在我们的身边。

与此相同的还有一件事,更是让我记忆深刻。年初住院的时候,闲聊间,同病房的山东小姐妹小何说,在她的家乡山东,生小孩时请接生婆居然是普遍的事情:"医院离农村那么远,农民又没有车,怎么可能去医院生小孩呢?"这句话在我心里就如同山东饿面馒头,沉甸甸的,很噎人,让我不能再虚头巴脑地说上句"那不上医院生小孩,不是很危险吗?"。

山东,毕竟不是老少边穷的省份呐。望着白白净净的,比我年龄还小的小何,既怕人家笑话自己的无知,又想搞清楚这是怎么档子事儿。一时间,我只能把一百个不明白掖起来,夹着小心地问了她一句:"你们山东离北京不是只有几百公里的路吗?"看到我那个错愕的表情,这个山东妹子一声叹息:"姐姐,你哪儿知道啊,北京,其实离我们很远的。"多么意味深长的一句感叹啊!要不是这次遇上小何,恐怕我这辈子也不会知道山东和北京竟会是那么遥远。

这样看来,在体会生活艰难这件事上,你我的无知与孩子们不过是五十步笑百步而已。孩子们对老一辈勤俭生活的漠然并不是无缘无故的。俗话说：不知者不怪。世界上也没有无师自通的神话，要想让孩子真正领悟生活中的道理，恐怕还得多把他们带入生活的方方面面去体会才成。惩罚不是办法，真相才是最好的教材。

再叙！

姐姐

讲名牌的背后

哟！这不就是把麻袋片披在身上吗？瞧不出哪儿美

珮嘉：

你好！

最近总听你抱怨孩子们崇尚名牌服饰的事情，这两日仔细想了想，似乎这里面并不是你我一贯认为的孩子们不知艰苦朴素那回事。

最近我翻了一些时装杂志，隐约觉得名牌服饰的意义并非和艰苦朴素对立。要不我寄本山本耀司的作品让你领教一下？我猜想，看过之后，你就不会再对我的观点摇头了。山本作品中那些堪称世界顶级的设计，其朴素的程度，就连咱爸这农民的儿子过目后都感觉怪过意不去的，而老妈更是直抒胸臆："哟！这不就是把麻袋片披在身上吗？瞧不出哪儿美。"而就是这些被大众奉若神明的"麻袋片"，别说让你我花大价钱买，就是白送，咱们也未必能消受得了。如此说来，依我们普通人的眼光，那些被孩子们膜拜的大牌时装，简直可以称得上是诠释"艰苦朴素"的最佳道具了。按这个逻辑推，你那套"追名牌就是思想上不艰苦朴素"的论调，我估计安妮他们是绝对不能接受的。

名牌情结实际我们人人都有，只不过你我是没有表现在穿戴上而已。有一个事我记得很深。当年在蓬皮杜现代艺术馆和孩子们一起参观，看到墙上的一组摄影作品很奇特，一个人身上缠满了白纱布，吊着绷带做各种姿势，看了让人很不舒服。当时我就想，这怎么能叫艺术呢？要是这个也能叫艺术，猴子画画一定也能叫艺术了。想着想着，瞥眼一看，哟！咱家的两个孩子正在调皮地对着那墙上的展品做鬼脸儿呢。见状，我连忙呵斥她俩："你们俩知道这是在哪儿吗？这可是世界顶级的现代艺术馆了，能进这个门槛儿的，可都是优秀的艺术品，不懂欣赏，是要让人笑话的。"嘴上这么说，其实我心里可真是另外一本账：倘若眼前的镜框不是在蓬皮杜的墙上挂着，这东西，怎么也和我心里崇尚的艺术沾不上边儿呀。现在想来，这应当就是蓬皮杜这个品牌光环的效应吧。没有了这个品牌照着这幅画，我是万不能把眼前这位缠满绷带的纱布人儿当成现代艺术来对待的。话说回来，这也就是我们平时遇到的，看着不起眼儿的一件普通的衣服，只要冠以某某品牌，便立马怎么看怎么顺眼的原因吧。

通过这个事我就想，很多时候我们普通人没有自己的鉴赏力，也不知道怎么才能髦得合时，但从心理需求上，我们又希望周围的人能把我们高看一筹。谁都想成为众人眼里那个最有品位的、最摩登的人，那怎么办呢？现在想想，最好的法子就是把我们没有具备的能力通过某种途径获得呗。按照这个思路，各种有名有姓的名牌货不就恰好承担了这个任务吗？不用费心培育自己的品位，花钱买大品牌的衣服穿在身上，不就万无一失了嘛。这样，不但不会在品位上出错，而且还会在亲朋圈里出彩——看我多有眼光、多有鉴赏力呀！而依我说，事情恰恰相反，这正是人们没有眼光的一种表现呢！这种时髦，确切地讲，只能称得上是追时髦罢了。正所谓内行搞门道，外行不过是凑凑热闹，追追风而已。倘若那些追者身上的服饰被摘掉品牌的标识，这样的人就什么优越感也没有了。

我在纽约曾见到曼哈顿有一条街，专门是卖各种缝纫布料的，纽约最好的服装设计材料大都来源于此处。你若是把安妮拖到那里去逛逛，和那些买布料的设计师聊聊，她一定会对时尚有另外的想法。我对一个卖料子的老板的话记得非常清楚，他说："真正的时尚是独一无二的'想法'，而不是追逐牌子。"这句话，你可以把它当作那个卖布的老板在推销布匹，但也不妨将其变为从另一个角度看待"时尚"二字的观点。

再叙！

姐姐

偷吃蛋糕的罪过

看到妈妈脸上所流露出的尴尬神情,我能感觉出她的内疚

珮嘉:

来信说,今天是世界地球日,原本是想外出踏青赏花的,可没想到的是,一出门,安妮就失手把照相机摔在了地上。为此,你发了火,一个好端端的周末就此止步。

听到这个事,我也挺为你们烦心的。那架照相机价格不菲,而且是崭新的,所以,你当时和孩子呛呛两句我是非常能理解的,换了我也免不了会发脾气。晚上和妈妈聊起这事,出乎我的意料,妈妈竟然说:"这不过是个意外,没什么大不了的,你们不要为这点事揪着孩子不放。"妈妈这话真是让我吃惊不小,年轻时的她,可完全不是这个样子的。

记得20世纪70年代,大概是1976年的一个春节,天津的亲戚给北京捎来两个点心匣子。说是一盒给姥爷,一盒留给咱们家。虽然当时我只有七八岁,但对亲戚之间送点心匣子这个事情却非常熟悉。在食品匮乏的那个年代,点心匣子里的文章很多,同样的包装,里面内容的好歹是完全取决于送礼人的

049

心意的。因为多次碰到过劣质的点心，所以，当家里再有新到的点心匣子时，打开前我都会用小勺子把包装盒撬个缝看个究竟，这次当然也不例外。

经过我的探测，大津亲戚送来的这两个点心匣子里，一盒是松软的蛋糕，一盒是硬得像石头子一样的桃酥。接下来，要说的就是那个不懂事的我为了能吃到那盒蛋糕所干的坏事：我小心解开包装绳，从中取出一块蛋糕，然后再按原样系上，这样的动作持续了一周。结果可想而知，周末，当妈妈拎起那个只剩下一半蛋糕的点心匣子要回娘家时，她是怎样的愤怒。我被恼火的妈妈狠狠地骂了一通，这是我之前从没有过的经历。为了那半盒蛋糕，我一下从妈妈眼里的乖孩子变成了个不可救药的坏孩子，到现在我还记得，我把自己反锁在小房子里痛哭的样子。对那件事，我脑子里一直只是一个想法：姥爷对我那么爱，我怎么竟然做出了那么对不起他的事来呢？现在想来，这个事的阴影应当是持续到了我成人之后。每当我买蛋糕的时候，我都会回忆起这段往事。

今天，因为安妮失手摔了相机，你指责她不珍惜家里的东西，这不禁引起我对儿时蛋糕事件的质疑。无疑，摔坏东西是孩子出的错，但作为一个成年人，高举自己的价值观向一个小孩子的过失狠狠砸去，这种做法又何尝不值得商榷呢？不错，我从偷吃蛋糕那件事情里的确得到了教训，之后的几十年间再没有"偷吃"：中学时，即使全班同学考试作弊，我都不会在自己的考卷上搞名堂，哪怕是考试不及格，我都在所不惜。无疑，这是妈妈当时教育成功的地方，但除此之外，每当想起这事，我还感到特别委屈——我一直以来所坚守的诚实竟是来自于洗刷一个点心匣子给我带来的羞耻感！后来，我在一本心理学书上看到，这叫作"童年阴影"。

  我曾把这个回忆和已是古稀之年的妈妈念叨，交谈的大意是，为了让孩子能成为一个所谓的好人，成为父母想看到的样子，这样的代价是不是太大了呢？看到妈妈脸上所流露出的尴尬神情，我能感觉出她的内疚。就在那一刻，我忽然想到，就像孩子们的懵懂一样，每个人在为人父母之初也都有无知的童年期。虽说这个过程难以避免，但如能提前意识到，用句时髦的话说：孩子们的"心理阴影面积"也会因为我们成年人心智的成熟而减少些。

  再叙！

姐姐

爸爸的"兔儿灯"

数数,从当年的鼻酸到今日的一笑,这个过程竟然经历了四十年的时间

珮嘉:

你好!

来信说起如何使孩子的性格中拥有幽默感的话题。看了你的信,我的第一感觉就是,你真是天真啊!难道你真的以为,使孩子拥有一种品质,会像医生给病人注射针剂那么简单吗?

在我看来,幽默感是人拥有了自信心的一种表达,而幽默感的养成往往植根于一个人自身的丰富的阅历,并不全是教育能解决的问题。这里不妨给你说个我童年的故事听听,希望你能从中领悟我的意思。

早在20世纪70年代,那时你还没有出生,我也只才四五岁的样子。记得每年的元宵节,我们大院儿里的小朋友都会点灯笼在院子当中转悠。1973年那次,我灯笼里的蜡烛倒了,把那个我心爱的黄色的纸灯笼烧着了。那个年代的家境是不可能坏了玩具马上就去买新玩具的,所以,我哭了,无声地。我不记得爸爸妈妈曾责备我一句话,现在想来,当时,他们看到年幼的我并没有大哭而只是默默地流泪一定是伤心的,而他们却

没钱再买一个灯笼给我,这是何等地苦。

过了好一会儿,爸爸突然告诉我和妈妈,他有个好主意,他可以自制一个兔儿灯!后来才知道,兔儿灯,是爸爸老家江苏的特产。那天晚上,在咱家冰窖似的小厨房里,爸爸凭着他对儿时的记忆,为自己心爱的女儿奋斗了一个晚上!到现在我也没搞清,他从哪里找来的竹篾,做成兔型的骨架;兔儿灯的表面好像是用窗户纸和信纸糊的,兔子的两只红眼睛是用毛笔蘸着红墨水点上去的。

大功告成后,爸爸把扎好的大白兔儿固定在那个平日用来拉蜂窝煤的小板车上,并小心翼翼地在兔子的肚子里点着了一支白色蜡烛,一只可爱的大白兔灯就这么诞生了!我接过爸爸递到我手中的拉绳,一口气在院子里跑了好几圈,后面好多小朋友都拿着灯笼跟着我跑。我当然是开心的,全然不知院子里围观的人们是怎么看待这种"穷人乐"的,现在说起这个情景,全家人都大笑不止。而在四十年前,家中除了我这个不谙世事的顽童,想必没有人会对此感到好笑。

现在,我们家境逐渐好了很多,这才有了为此情此景幽默一下的可能,数数,从当年的鼻酸到今日的一笑,这个过程竟然经历了四十年的时间,你说,幽默的诞生是何等地艰难。但若是眼下我们的生活仍是穷困不堪的情景,别说是四十年,就是再过上百年,想必我们也是幽默不出半点笑意的,这就是我前面和你说过的,自信是幽默的前提。而自信是成功的结果,并不是你我的说教能解决得了的事情。

再叙!

姐姐

生命之外

在冒险运动中，死亡算不上失败！

珮嘉：

你好！

来信说，郭川自10月25日失联至今已经一周了，估计前景不甚乐观。

记得8月份你来信时才说，在里约见到了一个中国汉子——名字叫郭川，"中国职业帆船第一人"。如今翻看手机，里面还有你和同事与郭川船长的合影。在异国他乡欢聚，五星红旗下，大家笑容灿烂。没想到，仅仅两个月的时间，就出了这么大的事情。

这两天，国内的同胞也都为了郭川的失联而焦急，我的一位朋友甚至有些"爱之深，责之切"。大家珍爱英雄，不希望他出危险的感情，从责备郭川"太过自我""不顾及家人"的言辞中可见一斑。这些话让我想起你在信中说起的和郭川在里约的会面。

你说，那次在船上听郭川船长说航海，颠覆了你之前对冒险运动的看法。和他相遇，你才意识到，有些人和我们普通人不是一个境界。在冒险运动中，死亡算不上失败！

你这个话，不由得让我回忆起当年曾读过的乔治·桑塔亚那于《在天堂之门》中的一段话：

> 清晨，在一时冲动之下，它们像云雀一样腾空而起，兴奋而又匆忙，去进行那不可预知的、命中注定的而又令人愉快的冒险活动；目标无法确定，空气无法测量，但是它们坚定的心从容地穿过浓雾或火障，充分地利用身边的一切事物，它们浑身颤抖，却已经准备好接受可能到来的结果，它们依仗的仅仅是勇气，其中一半是生的喜悦，一半是死的意愿。它们的第一次飞行通常也是它们的最后一次。坠落到地上的只是可怜的死的躯体，微不足道；留在上空的也许不值一提，一些孩子气的胡闹或渴求的幻想……

给你抄录这段话的过程中，我特别想把其中的"它们"改成"他们"。虽然，表面上看，作者讲的是"英格兰的精灵"，而在我们品读这段文字时，脑子里盘旋的何尝不是那些像郭川君一样的勇士呢？果然，作者下面一段的文字印证了我的想法——

> ……男孩子和自由的男人们总会有些倾向于蔑视并非他们目前渴望的目标，或者超出他们能力和范围的目标；他们的自发行动在嘲笑中会落潮……但是他们的行为完全符合他们的天性，他们了解并热爱他们

自己力量的源泉。和云雀一样，这些英格兰男孩已经在这里汲取了许多阳光灿烂的早晨的精华……事物的长度是空虚的，只有他们的高度是快乐。

在郭川船长这件事之前，我的确很关注冒险运动，前面我还写了一篇《去冒险的理由》。但对于我自己，常年生活在城市的楼宇间，虽然时有厌倦，但也从不敢奢望找一种方式拓展自己生活的外延，我以为，这是对家庭成员负责的态度。而从你描述郭川船长的信中，我也体会到了另外一种境界，让我理解了和我不一样的人的想法。像郭川船长那样的人，除了有家庭，他们的生活中还要有天空、海洋；除了生命，他们的人生中还有"超越生命"！

记得在一个夏天的傍晚，和爸爸在亮马河边散步，当头顶掠过一架飞机时，爸爸说："人类能制造出飞机，让那么大个庞然大物飞上天，真是件伟大的事情。不然，现在的人类还只会抱着地球慢慢爬呢。"今天想来，在飞机发明之前，有多少人，为了这个梦想献出了自己的生命，而没有那些冒险者的想象之火，又哪里会有后来莱特兄弟第一架飞机的诞生，以及日后人类安逸、舒适的旅行呢。

再叙！

姐姐

桂花能在北京开？

娘啊，如果你肯让我到城里读书，等我考上大学，一定会回来报答家里的

珮嘉：

你好！

一早，接到了叔叔从江苏老家打来的电话。他说，今天亲戚们将在乡下为奶奶三周年的祭日搞个纪念活动，嘱我们也在各自所在的城市缅怀一下奶奶。

要不是叔叔说起这事，我还真不觉得奶奶已经离开我们三年了。因为每次去爸妈那里看望，都会聊到奶奶。爸爸念叨，妈妈也念叨，或是因为琳达，或是因为安妮，反正，不管说起什么，都能和奶奶联系上。

今年，我的书在我青年时期曾非常仰慕的出版社出版了。我自以为，书里面很多思想都是来源于奶奶给我们留下的精神财富：她的坚韧、宽容、处事不惊、为家庭勤勤恳恳，使我的内心深受感召。爸爸曾回忆说，六十年前，只有十五岁的他是这样恳求奶奶的："娘啊，如果你肯让我到城里读书，等我考上大学，一定会回来报答家里的。"以当时贫穷的家境，在常

人眼里，这是绝对不可能实现的事情。饭吃不饱不说，草房子还随时面临被大雨冲垮的危险。在这种情况下，怎么可能供一个孩子去上学呢？况且，一个孩子的承诺又怎么可以轻信呢？可是，就是这么看上去遥不可及的理想，硬是让奶奶这个农村老太太给实现了。年轻的奶奶摘下结婚时从娘家陪嫁过来的耳环、戒指，为她的大儿子筹足了到城里上高中的钱，最终实现了爸爸上大学的理想。之后，爸爸被分配到北京工作，每月把工资寄回家中，摇摇欲坠的老屋得以重建，全家终于有了能遮风避雨的结实的瓦房。

奶奶，用尽毕生的精力，为家庭中的每一位成员默默无闻地做着她能做到的一切。所以，每当我向读者介绍我的书的时候，我都会说起奶奶给我心灵的启迪。所以，我觉得奶奶的精神似乎是一天都没离开过我们的。

今天中午，当我给在北京家中的桂花树喷水的时候，我忽然发现，在一个枝头上，正有五个小花朵在悄悄开花呢！这真是个奇迹呀！今年8月，我从江苏买那株桂花小苗时，卖花的人说，一定能开的。当时，我真是不相信：北京，干燥，气温低，室内，还是种在花盆里，怎么可能开花呢？可偏偏是在今日，这原本是生于南方湿润之地的桂花树，居然在北京干燥的环境中开了花，这真使我惊诧不已。闻着这几粒桂花散发出的香甜的味道，我猜想，这八成是奶奶在用一种特别的方式告诉我，该如何去实现生活中的种种可能性吧。

这件事让我想起我们曾对未来所怀有的种种希望，有些理想看上去是那么遥远和渺茫，有时我们甚至畏惧到不敢去为之努力。但如果我们真的像奶奶当年那样，壮着胆子认真去做了，事实证明，成功的机会往往就在"不可能"中来到我们的面前了。

　　今天，爸爸收到你从里约托人带来的香炉了，他特别开心，饭都顾不上吃，把我叫到书房去看。那香炉上的三只老猴子太可爱了，它们蒙上眼睛、堵住耳朵、捂住嘴巴，表示不看，不听，不说，只专心修行。这"三不"是佛家典故中超然思想境界的一种表达。爸爸点上香，盖好盖子，示意我仔细看，呀！那一缕缕青烟竟从猴子们的两腮飘了出来，像是它们的长髯，逗得我差点儿笑出声来。我们以这样的方式纪念奶奶，也不知她老人家会不会满意？

　　再叙！

姐姐

温柔的"铁榔头"

比赛前,在里约见到的郎平,就像是邻家的姐姐

珮嘉:

你好!

你真是幸运,能到里约亲眼观阵中国女排夺取奥运金牌一战,还见到了郎平。妈妈对中国女排的狂热更是了得,已经把你和郎平的合影摆在了家中书柜最显眼的位置。就连爸爸这个最不屑追星的老古板也常常望着搂着你肩膀的"铁榔头"眯着眼笑个不停。

周末,接到你的来信,看到字里行间充满着你对这位北京大姐姐的崇拜,我也是感同身受。中国女排在里约这几场大战真是让人无法忘怀。晚饭后,全家还特别对女排精神作了个小小的总结。妈妈说"拼搏",爸爸说"顽强",你姐夫评的是"不言放弃",大家似乎又回到了20世纪80年代中国女排首次夺金的情景中,那股甜蜜劲儿就甭提了。

回家的路上,我望向车窗外,真是人逢喜事精神爽,虽然街上还是车水马龙,堵车依旧,但感觉上却似乎与平日有了不

小的差别，怀揣着女排夺冠的消息，路堵，心却不堵了。车慢慢挪着，丝毫没有使人厌烦。抬头张望北京的夜空，那份宁静忽然让我感觉到，今天女排精神里面好像有些比三十多年前更多的内容。

记得你信上说，当你全程目睹女排姑娘们那种不奢望结果的拼搏时，"心中岂止是一种感动，那简直就是一种震撼"。如此入骨的感悟，我想与你此次亲见郎平不无关系，你说，"比赛前，在里约见到的郎平，就像是邻家的姐姐"，"她特别随和，言语间透着亲切"，"郎平对运动员们说话，总是先拍拍手，然后才开口招呼：'姑娘们，咱站队了！'她就是一个老大姐，口气时常透着关心与爱怜，让队员们精神抖擞，显出精气神；她有领袖气质，大气、负责任，这是我近距离看她的最直观感受"。昨天，我把你的这封信转给安妮看，小家伙睁大了眼睛："这是我妈写的吗？"我说："当然是啊！"安妮狡猾地笑道："那就对了，俗话说，人往往总是向往自己做不到的事情的。"原本是想在安妮面前显摆一下你的，没想到却碰了一鼻子灰，我竟一时无话可答。过后想，孩子的话虽然带着点讽刺，但对我们做父母的却也是个极好的提醒。

平时，我们督促孩子们学业努力，与郎平训练队员没有什么两样。但不一样的是，为帮着孩子们实现学业上的"冠军梦"，和郎平的举重若轻相比，我们的神经绷得未免过紧。用"心随着分数跳，脸色随着名次变"来形容，一点儿都不夸张。可是，你想过没有，对于被考试搞得本来精神就很紧张的安妮来讲，你那些严苛的惩戒于她又有多少帮助呢？老子说"天下之至柔，驰骋天下之至坚"，意思是若要驾驭最坚硬的东西，需用天下最柔的东西。了解到这个道理，也就不难理解郎平在队员们失利的情况下，为什么仍然保有那种不急不躁的态度了。而与之形成鲜明对比的则是塞尔维亚教练在场上的暴跳如雷。

把结果放在一边，不以一时的得失论英雄；怀揣夺冠的理想，却不囿于金牌的有无，这是我从此次女排奥运夺冠中体会到的最真切的一点。当然，做到这点非一日之功，不过，你若能早些领略到郎平那种"至柔"的厉害，我想，你也不枉此次里约之行了。

再叙！

姐姐

奔向纽约的起跑线

这站台上六神无主的妈妈不止我一个

亲爱的姐姐：

你好！

得知你的专栏文章被三联书店结集出版，安妮可开心了。姐，你这几年给我的信我都一直存在电脑里，时不时翻出来看看，一方面从中找些教育孩子的灵感，另一方面也是一种享受，这些信让我想起了很多往事。有时候也会担心，万一电脑哪天崩了可就惨了。现在好了，我们的信都收在这本《母爱的界限》里，咱们也就再不必担心那些弥足珍贵的经历会遗失在我们的记忆中了。

听说你这一段要和笔友们去新西兰采风，去吧，好好休息一下。我这里正好也想给你写信介绍一下美国的中考趣闻，希望我的信能给你的旅途添些轻松愉快的味道。

为了给刚到纽约的安妮选择一所理想的中学，今天跑了一趟纽约教育局举办的全市高中教育展。布鲁克林，在另外一个岛上，地图上看着挺远，而且要过一座跨海大桥，但在纽约古老密集的地铁网面前,这不是问题。对于我这个中国妈妈来讲,难的是如何为女儿争取到美国名校中的一把座椅。

坐A线到拉法耶特大道站下了车,放眼一望,去参加教育展的人已经是一站台。父亲带孩子来的不多,孩子大都由妈领着,看来美国也时兴男主外、女主内的民风。这满眼的母女组合还透露了一个信息:在孩子的教育问题上,美国妈妈也不容易,和中国妈妈的烦恼实际上是难分伯仲的。

蓝眼睛们一脸的茫然告诉我,这站台上六神无主的妈妈不止我一个。看来想找个明白人不是太容易,正犹豫,眨眼的工夫,却见面前这些本是路人的众妈妈们已经稀里糊涂地组成了团,四下一看,我竟也被围在了中央。暗笑:这临时组团的绝活儿不是我们中国人在闯红灯过马路时发明的吗?什么时候让美国人学去了?

团长没有经过选举程序就产生了,是个有手机可以定位的妈妈,指着前方说,这边走,地图导航提示是这个方向。团员们二话不说,活像一群蜜蜂跟着蜂王,"嗡嗡"却又有序。出了地铁口。一上来,面对四通八达的交叉口,"蜂王"的手机不起作用了,只好站住张望。片刻,有人看见另一支大军,也是成群的母女队伍,估摸着都是奔教育展的。对方的"蜂王"发话:"看到了吗?有更多的孩子已经走在我们的前头了!"所有的人都笑了。新蜂王就这样自然地诞生了!看来大家目标空前地一致,剩下的就是一个字:走!

在这个初秋的清晨,阳光温暖地照在肩膀上,碰见这样一群真实、欢愉的纽约妈妈,对纽约的印象又深了一层。虽然大家都有工作、家庭的重负,面临孩子升学问题的烦恼,但她们却是那么快乐地应付这一切。我原本紧绷的心也因此化开了。

  姐，不早了，要说的话还有很多，要知后事如何，明天再接着写给你吧。我是多么想念新西兰的猕猴桃啊，替我多吃几个吧。

  祝旅途愉快！

妹妹珮嘉

起跑线上的友情

中国妈妈太天才了,说出了全世界妈妈的心声!

亲爱的姐姐:

来信说你今天到了新西兰的最北端雷加角了。你还记着我们当年带琳达和安妮游览雷加角的情景吗?我记得两个小家伙站在悬崖上,面对着脚下湛蓝的海面说,将来结婚,要到这里来照婚纱照。时间一晃,八年过去了,安妮都十二岁了。

往事虽然美好,但现实也得面对呀!言归正传吧,还是继续和你说我这个中国妈妈在纽约"中招咨询会"上的经历吧。

听有经验的同事介绍,教育咨询展上的人山人海并不是中国独有的风景。美国的爹妈重视教育的程度是绝不输中国家长的,这和我此前掌握的信息完全两样。而此刻,大幕拉开,摆在眼前的一切证实了朋友之前的描述。

今天我可是咬牙起了个大早,原是本着尝头道菜的想法才这么下功夫的。没成想,等我到了地儿,各学校的展台前则是长龙不见首尾,早已被纽约爹妈们团团围住,我顾不得精挑细选,找了个队尾就算入伍了。好在队伍有序而安静,人们还会不时地用交谈些父母之道的方式打发时间。

我前后站着的都是方才从地铁站结伴同行的人。排在我前面的南希是一双孪生姐弟的母亲，儿子今天不舒服，所以没来；带在身边的是她的女儿萨琳娜，十二岁，明天就过生日。南希说，纽约就是这样，孩子从上幼儿园那天起就要准备做将来进入好小学的打算。我告诉她，我们中国妈妈管这个叫"不能输在起跑线上！"。南希用夸张的深呼吸和睁大的双眼配合着，热评了这句精辟的口号："中国妈妈太天才了，说出了全世界妈妈的心声！"当她得知我还花时间研究了美国教育体系的时候，中国妈妈的形象在南希眼里更是高了一大截，我的身份也俨然从一个初来乍到的外来户变成了和她同病相怜的近邻。看来，对孩子们前途的担忧是全世界妈妈共同的标签。

南希感叹："美国妈妈不容易啊！为了孩子的学业，很多人，特别是全职上班族，不仅要花业余时间，还要在上班的时间研究，可不是一个简单的事。"我心想，这算什么，若是见识一下中国的爹妈，成天拖着孩子东奔西跑地上补习班，你们搞的这点纸上谈兵的工作简直就是小巫见大巫呀！心里这么想，这秘方不能外扬的原则我还是能把握的。于是，转了个话题，问起她两个孩子心仪的学校是哪几所。萨琳娜的答案基本上和我家安妮的 List（志愿表）一样：罗斯福、千禧年、灯塔……我倒吸口气，这真是名副其实的起跑线上的交谈了！好好的朋友瞬时成了对手，看来竞争者众呀！作为回应，南希也问了我安妮的情况。当听说安妮现在在 Lab 上学时，南希显露出非常羡慕的表情，由衷地赞叹："Lab 是一所很好的学校！"在南希的脸上不但没能找到一丝竞争对手的痕迹，她反倒像队友似的又和我说了几句掏心窝子的话:"申请高中不要都指望学校的教育顾问,他们不会真正把你的孩子放在心尖子上。这有点像政治,校方往往很势利,要看你孩子的情况,看家长的背景,看社会关系……"听了这些语重心长的点拨,我马上想到,下周二安排让安妮约见教育顾问的事情,看来不仅要做好充分的问题单,也要想好如何公关,用南希的话说,这可是"政治"呀。敢情在美国,小孩子上名校的事儿在家长心目中的地位比中国有过之无不及,而我们中国人充其量把这种事儿命名为"凭关系"而已。

　　说话间,展台的门开了。家长们有序地蜂拥而上,那人口众多的阵势,我原本只在中国的教育展上领教过:精美的宣传册、厚厚的指导丛书、马不停蹄的家长和学生。人们好像猎鹰一般,目标明确,直奔主题。刚刚聊得热火朝天的南希也顾不上理我了,一反美国人彬彬有礼的常态,拽着萨琳娜一下子就冲进了茫茫人海中。

　　怎么样?看到这些,知道妹妹我眼前的山有多难爬了吧?还没完,明天还有话要说,先去睡了。晚安!

妹妹珮嘉

起跑线上的小老虎

赶紧抓紧干吧，成绩可是决定一切的！

亲爱的姐姐：

　　你好！到皇后镇了吗？听马可说16日晚上要带你去看他家附近山林里的萤火虫，这实在是太有趣了。想想我即将写的这些烦心事，会不会扫了你游玩的兴致呢？后来想了个折中的办法，借着记忆清晰的时候先写了，下周再寄你呗！

　　来纽约之前，安妮本以为会远离国内火药味浓烈的竞争环境，能躲进美国素质教育的摇篮里喘口气。怎料得这一落地，便被卷进了美国中考的大风大浪中，和美国的小老虎撞到了一起。真可谓：考试趁年华，他乡亦故乡啊！

　　为了这次教育展，对于每所纽约的重点高中，我除了在网上做了很多理论研究外，还走东家问西家地搞了实地调查。可一到现场才知道自己井底之蛙的处境。我也因此见识了美国人在表达自己愿望的问题上是决不会有丝毫含蓄可言的。

　　和我的精心挑选不同，当地的家长都拉起了争抢头道菜的架势。他们会毫不犹豫地从各学校索取报名表，找个座儿便立马儿奋笔疾书,淋漓尽致地表达着自己的娃儿要上"星光大道"的强烈愿望。看到这些,暗想,若是再矜持就显得太"OUT"了,入乡随俗吧!于是学着人家的样儿,不管三七二十一,把家里"丫蛋儿"的那点子过人之处,添油加醋地都堆到了报名表上。从来没有这么不遗余力地吹嘘过自己的女儿,自觉脸上热乎乎的,那滋味儿像是替安妮上了婚配节目,而且扮的还是大姑娘找婆家的角儿。可扎进这美国父母你争我夺的阵仗里也容不得害臊了,都交了再说吧。

填表的混战总算过去,在罗斯福高中展台前,看见一位女老师闲着,就过去搭话。这是位金发碧眼的年轻女孩儿,热情、实在,说话有板有眼。除了表示热情欢迎安妮报考他们学校外,还叮嘱我一定要把孩子的材料,比如个人简历、成绩单、特长介绍、老师的推荐信整理好,以书面的形式寄给学校,这样才会引起学校招生老师的高度重视,否则,孩子的申请若是淹没在人海中,非常可惜。当听完我对安妮的溢美之词后,她兴奋得就像自己有了什么喜事儿;而当听说安妮还没有做过全套中考模拟试题时,她的手和眼睛同时拽住了我:"怎么可以这样?赶紧抓紧干吧,成绩可是决定一切的!"这话真是不假,之后,我在另外几所名校招生官的嘴中均得到了同样的至嘱。

晚上回到家,搬出了书柜里砖头一样厚的美国中考习题集,严肃地对安妮吹响了战斗的号角:"二十天给我全部做完!"安妮狐疑地问:"不是说美国时兴素质教育吗?"我学着电视播音员的口气答道:"据前方教育展最新发来的报道称,做题是素质教育的一个有机的组成部分。"安妮感慨道:"天下乌鸦真是一般黑!"这个节骨眼儿上,我可是没客气:"现在的黑为的是你将来的亮!闲话少说,干活!"话音未落,便听到安妮一声又粗鲁,又叛逆的长音:"嗯——",这是她从小伙伴 Wendy 那里学来的美国孩子的洋毛病,目的是表示对家长的不满、蔑视、不屑……我心想,在美国这地方虎妈虽然不多,但"不输在起跑线上主义者"可大有人在,够安妮受的!

亲爱的姐姐,这就是我从纽约中招咨询会上的所得,等你过来纽约,我们一起商量对策,好不好?

此外,你那本《母爱的界限》被我们这里好几位年轻妈妈传看,她们都喜欢得不得了,还建议我能赠送给纽约图书馆一本,那样,就会有更多的中国小留学生家长能够看到。孩子们与安妮有相似的境遇,父母们在现实中一时找不到解决问题的钥匙,至少也能从安妮的一些事中得到些启发。若是咱们的家书能惠及那么多小留学生家庭,那真是极好的!

祝一切顺利!盼复!

妹妹珮嘉

小豌豆的命运

老子曾说的"是以兵强则灭,木强则折"就是这个意思

珮嘉:

你好!

你发来的三封关于去纽约中招咨询会的信,我都收到了。你不是说希望你的信能给我的旅途添些轻松愉快的味道吗?可是,我怎么看也感觉不到你让我轻松的初衷,各种掩盖在幽默描写之下的忧心忡忡,不但不能让我发笑,反倒是越看心里越发沉重。特别是你说纽约妈妈已经把升学的竞争提高到"政治"的高度去对待这话,听后更是让人心里发慌。依我看,此时,你这个中国妈妈似乎是快要钻进了美国人的牛角尖儿里了。

今天我把你的信给爸爸看了,爸爸没有直接说什么,拿着信,给我讲了一段他儿时的一件小事,挺有趣,说给你听听。

六十多年前,在江苏农村,当时爸爸只有八九岁。一日,奶奶发现家门口的台阶缝里长出了一个小苗,忙招呼爸爸过去看:"瑾芝,过来看这是什么?"在农村,这样的情景并不新鲜,所以小瑾芝看后并不以为意,马上伸手拔了那株小苗。奶

奶看见后,放下胳膊上淘米的篮子,弯腰捡起那株被瑾芝抛在地上的小苗:"瑾芝,这个小东西可能是前些天我筛豆子时嫌它小丢掉的,你栽上它,没准能活。"小瑾芝照着去做了。整个夏天,那个小苗在院子里居然长起来了,叶子又绿又密,还开了花,夏末,花落后,茎上挂了好多饱满的豆荚。

故事听完了,除了被爸爸的描述勾起了些许乡情,我并没有搞清爸爸此时说这个故事是什么用意。爸爸像是看出了我的心思,接着说他的谜底:"现在我就想,当初,那颗小豌豆和其他大豌豆在一个豆荚里,又瘦又小,挤在豆荚的两侧,一定是被它的同伴看不起的,可现如今,那些大个头已成了别人碗中的餐食,而这个弱小的豆子却因为弱而得以延续生命……"

妹妹,听了爸爸的奇谈怪论,想必你一定会报之以一笑,然后该干什么还会干什么。你若能笑而不是皱起了眉头,我已是十分满意了,这证明你能够明白,这世上除了胜者为王之外,还有一种叫以弱示人的生存方式。老子曾说的"是以兵强则灭,木强则折"就是这个意思。

爸爸之所以讲这个故事,我想,他最想告诉我们的是,在人生的道路上还有一种叫作"强大处下,柔弱处上"的可能性。而仔细想想,生活中这种可能性并不在少数,但凡有过诸多生活阅历的人,大都会对此共鸣。同时我也相信,爸爸讲这粒小豌豆的故事,初衷并不是想把我们引向不思进取,苟且偷生的那条道上的,这个你该懂得吧。

除了上面说的,我还想给你提个更高的标准:在给孩子提供学业帮助的同时,作为孩子的领路人,我们还要试着让他们理解,要想在学业上取得大的成就,定是要静下心来做事的,法宝非但不是竞争，反倒是敢于面对寂寞。从更高的角度看，只有具备"不争之德"的人，才会成为真正的强者。

　　说了这许多，怕是你不会一下能接受得了姐姐的这个"不争之德"。一时不理解没关系，等你不惑之年的时候再来回味这个观点也是不迟的。不过，不管你的选项是哪个，听了我这些话，我想，起码你日后不会因为孩子没上成常春藤而终日无法自拔了。

　　再叙！

姐姐

妹妹：生日快乐

让一个小婴儿独自坐椅子上，摔下来可怎么办！

珮嘉：

你好！

今天是你的生日，原以为那本凝结着我无数日夜辛苦的《母爱的界限》理应当是今年我送给你最厚重的生日礼物。深夜，又一想，其实，在很大的程度上，也是你成全了这件礼物，这是一种互赠！你平日的喜事、愁事都毫无保留地向姐姐倾诉，无疑，这给我提供了很多前所未有的品味生活的机会，所以，这本书，也是你送给姐姐的礼物，让姐姐我在步入不惑之年之际，充满了自信和成就感。

三十六年前，当爸爸拉着我的手，把我领到妇产医院的病房时，我看见雪白宽宽的床上躺着一个被捆得紧紧的小婴儿，没哭，也没笑，眼睛看不出是睁着还是闭着。妈妈告诉我，这眼前的小不点儿就是我的妹妹小丽楣。这个名字让五岁的我很糊涂：妹妹的名字和我这个姐姐一点儿不搭界，加上姓，怎么是仨字儿！而且我至今都很奇怪，那么多象征美好意思的

"梅""美""玫"大人们不选,为什么偏挑了那个"楣",幸亏之后去掉了,真是万幸(或者当初专为后来去掉而取的?)!

记得那天,妈妈还让我看你的头发有多黑、皮肤有多粉,还硬说所有参观过你的人都夸你是个美人儿,丝毫不顾忌曾做了五年独生女的我听了这些话的感受。这要是搁现在,妈妈一准儿会被教育专家评为"不懂儿童心理"的典型。后来,回家后,你总是被大人抱得很高,或是被他们围着灌奶,换尿布,被院子里的人端详,轮着抱。五岁的我很矮,根本很难看到你,所以,我几乎对你一两岁之内的印象很少。

现在,唯一能想起的一次是一个周末,我没去幼儿园,爸爸的老乡,解放军叔叔闫子平来咱家串门。他拿着120照相机,说是要给你照标准照,像国家领导人的那种。那时,刚满月的你脸上有湿疹,可能是不舒服,所以也不爱笑,而且也坐不住。我记得是爸爸藏在椅子后面,用大手抓紧你的腰,使你不至于倒下,我还清楚地记得他们用被子掩盖那双大手的帮助。那张照片你还记得吗?照片上的你,板着脸,没抬眼,腰间露出了爸爸没被遮掩好的两个大手指头。现在想来,爸妈也真够没有经验的,刚满月的小孩子怎么能坐得起来呢,不都是躺在妈妈怀里的吗?如果非要坐,为什么不让姐姐当靠背,非玩儿悬的,让一个小婴儿独自坐椅子上,摔下来怎么办!可这就是咱们的爸爸妈妈如何把我俩养大的缩影。当然不止这些,后来还听过妈妈把我倒着抱到医院看病,差点儿把我憋过去那件事,也是很经典的一回……

想起这些往事是源于你的生日,而把这些写在信里,姐姐是想提醒你一个事实:当年,爸爸妈妈他们是那么年轻,那么笨手笨脚，如今我们还能成长得这么好。因此，你一定要坚信，在两位老人家的帮助下，以你我的见识和能力，咱们的下一代，在我们手里一定是错不了的！

还有一点，不知你感觉到没有，从我们自身的成长历程看，父母能给予孩子们学业乃至事业上的帮助，实际上是微乎其微的，"着急"更是起不到任何作用的，反倒是父辈的生活态度给我们的影响会更加深远。所以，从今天起，我们一定要收起那些对孩子们前途莫名的担心，把心量放大些，乐观地看待他们的未来。

要说的话很多，留着些，下一个生日再叙！

祝生日快乐！

姐姐

劳动浪费时间吗?

爸爸是学理工的,当然很聪明,但让我庆幸的是他并没有用他的聪明吓唬我

珮嘉:

你好!

你这次来信,说起了让安妮做些家务的事情,对此你很矛盾:十二岁的安妮也该到了做些家务的年龄了,可是摆在面前的学业又像座山似的压在你的心里。你说的这个困惑其实也老在我的脑子里盘桓。从我的经验看,我得出个结论:账不是这样算的!这里有个真实的例子说给你听听。

早在三十多年前,我们的大杂院里住着一户有四个孩子的张姓人家,三个姐姐,最小的是个弟弟。弟弟最受宠爱,平日家务从不沾手,而姐姐们则是做饭的做饭,洗衣的洗衣,弟弟有大把的时间握在手里,姐姐们却要把书本或是放在灶台边或是用洗衣板压着,利用做家务间的缝隙读书。结果,三个姐姐都考取了很棒的大学,小弟弟却什么也没有考取。

这件事情告诉我一个道理:挤出来的时间才是有价值的。正如我们平日对美食的向往,如果偶得一二,便会格外珍惜,

时间也不例外。

　　此外，不知道你有没有这样的感受，这些年，很多我们当年曾烂熟于胸的一些课本上的东西会逐渐淡忘，而让我们真正记住的那部分知识往往来自生活。所以，我觉得劳作是最好的消化知识的方法。在这件事上，让我印象最深的是中学时代关于学习运筹学时的那段经历。当我读完那篇关于运筹学的文章时，小脑子里就像是灌了糨糊，忙跑去爸爸身边求助。爸爸是学理工的，当然很聪明，但让我庆幸的是他并没有用他的聪明吓唬我，更没有嫌弃我的笨脑筋，而是在晚饭前，我最饿的时候，把我带到了厨房。我们的任务是找找妈妈为什么做饭那么慢的原因。我们在厨房门口转悠了一个多小时，当妈妈知道我们来厨房不是来帮忙而是来挑刺儿的，非常生气。我和爸爸看到妈妈变了脸色，慌忙逃回了卧室。在那张干干净净的方桌上，爸爸带着我把妈妈做饭中的洗菜、淘米、切菜、炒菜、焖饭各个环节做了分割并重新排列，最终我们得意扬扬地把用时最短的一个方案放在了妈妈的眼前，虽然妈妈用"你们一边待着去"结束了我们的献计献策，但运筹学的思想方法却印在了我的脑袋里，直到现在都能帮到我。

　　希望上面我亲历的两个事情能对你有所启发。

　　再叙！

姐姐

心塞的秋游

我从来都没有看到那么多黑人同学一起吃比萨,而且特别安静

姐姐:

你好!

今天晚上我们下班回家时,安妮没有像往日一样出来和我们打招呼,而是把自己关在卧室里。透过卧室的门缝看她,安妮正趴在床上休息,我和她爸以为是这几日跟着学校出去秋游累着了,也就没立马叫她。做好饭,叫安妮起来,本是盼着在餐桌上她能开心地和我们分享一些秋游途中的见闻,没想到看到的却是她哭红的眼睛。我从没见过这孩子为什么事情这样伤心过,生怕是她挨了谁的欺负,反复盘问,她才开口。

事情发生在纽约上州的一个小镇。傍晚时分,老师给了学生们一个半小时的自由活动时间,让大家按自己的喜好各自去饭馆吃晚饭。安妮和几个同学选了一家日本餐馆吃面,刚刚坐下,就看到几名黑人同学也要走进餐馆。就在那一刻,服务员笑脸迎上去,礼貌地对那几个黑人同学说,餐馆已经满员了,建议他们选其他地方吃饭。可是过了一会儿,有几位白人食客拉门进来,门口的服务员就请那些白人在门口排队等候。餐馆满员,服务员建议顾客另选别家,这似乎也是合乎情理的

事情，所以当时，安妮也并没有多想。可当安妮和一起吃面的几个同学回到集合的大巴车上的时候，大家这才得知，全校有相当一部分黑人同学在那个镇子没吃上饭，他们都还饿着肚子！情况大都如刚才所见——黑人同学均是被餐馆婉言谢绝入内的！带队的老师当即宣布，出发时间将拖延半小时，另外几个老师把买来的比萨饼发给饿着肚子的黑人同学吃。安妮说："我从来都没有看到那么多黑人同学一起吃比萨，而且特别安静，那个场面真是太令人难过了！"

后来安妮告诉我，为这件事掉眼泪的并不是黑人同学本身，更多的是吃过饭的局外人。"老师默默地发比萨，那些黑人同学并没有向老师表示愤怒或是委屈。"安妮的这个观察其实是个很关键的问题——是那些孩子们饿得都顾不上抱怨了吗？还是他们对自己所遭受的"谢绝入内"持一种无奈的态度呢？

姐姐，记得你曾说种族歧视是国家政策层面的，不是个体之间的冲突和矛盾，可听了安妮这个经历，我怎么还是觉得这是地地道道的种族歧视！这种对于黑人的种族优越感和对他们恶意揣度的防范心理，难道不是种族歧视吗？

联想到最近弗吉尼亚骚乱的事，我还真是担心。白人至上主义者所排斥的不仅仅是黑人，亚裔也是他们攻击的对象。前日，在报上看到，有三名嫌疑人闯进纽约皇后区的柏山公墓，在亚裔公墓区等多个区域破坏了四十多个墓碑，并喷涂种族仇恨字眼。由此看来，美国的社会矛盾还真是复杂，这样的情况发展下去，后果会怎样，真是难以想象。

盼复

珮嘉

幼稚的"鄙视链"

罗先生在洋人那里受了委屈的同时，还不忘了自己在华裔里的排位

珮嘉：

　　你好！

　　来信收到。安妮对黑人同学遭遇歧视所表达出的同情非常可贵。《汤姆叔叔的小屋》那个年代的种族主义思想，百年之后，居然被一些人从历史的垃圾堆里又捡了回来！别说是孩子，就连我们也会感到震惊。

　　你信中还说到在弗吉尼亚大学发生的夏洛茨维尔暴力事件。这个事我从 8 月 11 日当天的新闻中也看到了。那些游行的人高举火炬，身穿白袍，呼喊种族主义口号。他们的样子让人很容易联想到"死灰复燃"这个词，和去年我在弗吉尼亚大学见到的平平常常的白人学生怎么也搞不到一起去。可偏偏，那些躲在白袍下面的人就是出自他们！我简直不敢相信自己的眼睛，在美国这个多种族共处、以包容著称的国家，竟然还会有这样极端的思想存在，并且公开地挑战普通人的价值观！从表面看这是民间的冲突，但从大的方面看，这的确与美国目前的政治

气候不无关系。说到种族歧视这个事,让我想起几个月前看到的一个报道,可能和你我更贴近。

在《纽约时报》任职十余年的记者罗明瀚(Michael Luo)以推文记录了一次自己的遭遇:罗先生因为孩子的推车挡住一名穿着亮丽的洋人女子的去路,对方竟说:"Go back to China(滚回中国)!"他追上对方反问:"真的吗?滚回中国?"那女子拒绝道歉,还拿出手机威胁报警。当罗明瀚放弃争论,转身离去时,对方在其身后再次大喊,并夹杂脏话:"滚回你××的国家。"罗明瀚在推特中抱怨说:"我们在美国出生,类似的事一直在发生,但这次让我非常难受,并反思亚裔真正的归属在哪里?"文中他借用他七岁的孩子的话:"为什么她要那样说?我们不是从中国来的啊!"以此表明他和中国新移民不一样,他可是地地道道的美国人!罗先生这话让我想起在美国的华人圈里所流传的"阶级论":比如中国的移民会被分为香港裔、台湾裔、大陆裔,大陆裔里面还会细分为第一代、第二代移民等等。而热衷这种游戏的人,现在看来,并不一定是那些蓝眼睛的洋人,很大程度上反倒是我们华人自己,特别是那些自认为处于"鄙视链"顶端的华裔。现在,我们不妨回头看一下罗先生的遭遇,当洋人鄙视黄皮肤的人的那一刻,洋人并没有把谩骂的对象按香港裔、台湾裔、大陆裔来区分,所以更不会关心你到底是第几代移民。

无论是新纳粹主义最近在美国的逆势而动,还是种族主义的复燃,我们都很憎恨,但上面的例子告诉我们,其实很多人骨子里都或多或少地有那么点灰色地带。罗先生的事从某种角度也在敲打我们:任何形式的歧视都是无知和可笑的。罗先生在洋人那里受了委屈的同时，还不忘了自己在华裔里的排位，这样的问题，我觉得既是现在很多华裔美国人的心底的痛，又何尝不是这些身居所谓"鄙视链"前端的人们的幼稚之处呢？

因为这封信里涉及了安妮的一些想法，所以发你之前，我征求了安妮的意见，她对我说："我觉得姨妈应当把黑人的称谓改成'非裔'，这样看起来比较舒服。"对此，我又感动又自责。

再叙！

姐姐

吉米的弦外之音

嗨,女士,你怎么样了?没事吧?要不要下站叫个救护车?

珮嘉:

你好!

此次耶鲁之行令人难忘,原因有二:其一是在搭乘去纽黑文的火车时,我狠狠地摔了一跤;其二是琳达顺利会见了招办老师,坚定了报考的决心。若是琳达将来如愿,我的皮肉之苦也算没有白受。报考耶鲁的事,日后再写信给你详谈,今天先和你表表我那倒霉的一跤吧。

那天中午,我和琳达从宾夕法尼亚大学出来以后就直奔了费城火车站,到了站,刚好是登车的时间。我和琳达各自拖着行李慢慢晃到月台。这里不像国内,每个车厢并没有乘务员检票,都是乘客自己对号入座。我们将乘坐的八号车厢也只有四五个乘客登车,所以也无所谓先后。可是在美国这地方,处处都是要讲究女士优先的,加之天上飘起了小雪花,所以我和琳达就越发成了被谦让的对象了。

我成了第一个登车的人。前面没人催,后面没人挤,地也是平平的，我实在想不出，我迈着四方步，外加行李箱做拐棍儿，它怎么会来个大劈叉，并且其中的一条腿还卡在了列车和站台之间。可这，就是事实！我只觉得被卡住的小腿像是一根要被折断的木棍儿，心想：完了，一定折了！为了证实我悲观的设想不是现实，也有那么点别让我身后那些谦让我的绅士们产生内疚的心思，霎时，我竟然像气儿吹得似的站了起来。

我自小到大，摔倒的经验很少，能记得最清楚的一次摔，是我第一次去乡下祖母家，为了给猪跳舞，一个马趴跌在了猪圈门口的泥地上，所以今天这马失前蹄的一摔着实叫我发慌。被琳达搀到座位上，出于本能，我首先想到了那张躺在家中抽屉底层的保单，想到了琳达接下来的耶鲁之行该怎么办，未来还有波士顿的好几个学校要走访……

"嗨！你得去找列车员。"一个很低的声音闯进了我正在忙活的大脑，是从坐在我们隔壁的一个大叔那里发出的。对方像是拉美裔，他不确定我是否能听懂他的话，还向琳达说："门口的地上有雪。"平时我的耳朵对拉美口音是最麻木的，可这次却奇了，我竟一字不差都听懂了。

五分钟以后，列车长吉米被琳达找来了。吉米的脸可不是平日常见的美国佬亲切可人的那种："嗨，女士，你怎么样了？没事吧？要不要下站叫个救护车？为什么这么不小心呢？"凭着我有限的法律知识判断，这话听着绵软，里面却有不少的文章。冷漠、推卸责任都在这四个问号里了。既然这样，我也不必遮掩，于是直接对吉米瞪起了眼睛："你没有看到吗？我的腿已经肿了。先生，请搞明白，我之所以摔倒，和你们没有及时清理地板上的雪有关。并不是因为我不小心。"吉米见眼前的瘸子并没有摔坏大脑，对自己方才绵里藏针的"问候"被人看出了破绽似乎有些顿足。为了使谈判不致马上破裂，显然，此时吉米只有重新调高了脸部的温度才可行。吉米一面取出了车厢中的药箱，拿出冰块为我敷上，一面语重心长地嘱咐我："毕竟别人都没有摔，今后走路还要小心些。"听了这话我真是又好气又好笑，气的是这吉米推卸责任的贼心还没有死，笑的是他竟还没放弃高估自己的智商呢。不仅如此，我还见他暗中派了手下打扫刚才我摔倒的那湿地板去了。我心里虽已经在吉米的脑门上写上了"真坏"二字，可看在他给我包扎的分儿上，嘴上却不好那么直接，于是半开玩笑地对他说："你知道吗，在我们老家，幼儿园阿姨都是这样推卸责任的：'别人都不哭，怎么就你哭！'"听了我的话，吉米的脸红了，他站起身，正色道："女士，你说怎么办吧？"看他公事公办的口气，我也严肃起来："若是我的腿没折，皆大欢喜；若是折了，你们得负责。虽然你刚才擦干了那地板，虽然其他人没有摔倒。"

下车前，我终于得到了吉米派人送来的事故责任登记表。更幸运的是，我的腿居然没折。而且一个月后，我还接到了铁路公司办公室的事故追踪电话。这个例子虽然有些悲催，但我觉得对孩子们将来在外生活是很重要的。这件事印证了美国法制的健全，同时也提醒我们，要有维护自己合法权利的意识。

再叙！

姐姐

"礼貌"的拒绝

男孩子的辩解和周围人对那售票员态度的佐证全都是无用功

珮嘉：

你好！

现在，我们已经顺利抵达巴黎，住处很舒适。今天我带两个孩子去了埃菲尔铁塔，正赶上环法自行车赛，所以来埃菲尔铁塔参观的人也格外多。观塔倒是顺利，和预想的差不多，但其中的小插曲，说出来想必你会更感兴趣。

当我们走到埃菲尔铁塔脚下，游客排队的长龙已是见首不见尾。费了好大劲儿才找到队的尽头，见排在我们前面的一对小情侣彬彬有礼，于是便向他们打听为什么队伍如此龟速。对方说登塔的游客要先经过审核才能买票，拿到票后需再次排队才能登塔，所以会慢。答完我们的问题，他俩还客气地谦让我们排在了他们的前面。从谈话中我得知他们来自迪拜。

大约等了一个小时光景，终于轮到我们了。我领着孩子们走到窗口，拿出护照，试着用英语问那售票的小姐小孩子的票怎么买法。没想到，从那窗里传出的并不是温婉动听的法语，却是略带烦躁的一阵嘟囔。虽然没听懂对方说什么,但我也能觉察出那肯定不是什么好话。"我又不是来参观你的,一个卖票的,还真把自己当根儿葱了?"我心里虽然这么想,口中却用一个草草的"谢了"标出了自己和这份无礼的界线,马上付钱离开。身后的两个孩子跟上来,生气地抱怨:"那卖票的人这样不礼貌,您为什么不和她理论?"我生了一肚子气,也懒得和孩子说太多:"出门在外,多一事不如少一事吧。这种人值得我们认真吗?"孩子们对我的解释似乎不大认同,但也没再说什么,依然乖乖地和我站在一起,接着去排登塔的队。

重新和那对迪拜的情侣做回了邻居,闲着无事,正要彼此搭话,还没开口,话就被一位不速之客截了回去。只见那人身着笔挺的西装,蓝眼睛中射出的光,礼貌中略带着点冷,身后跟着刚才那售票员。那女孩儿并没有说话,只是用手指头点了一下迪拜男孩儿。这男孩子见此情景,反应很快,一下就明白是什么文章,马上对身着西装的蓝眼睛说:"是这位售票小姐首先对我无礼的!我买票时,她很不客气。"蓝眼睛像没有听见男孩子的话:"我问你的是,你有没有对她无礼地大声讲话,并骂她××。"男孩子仍然重复着:"是她先无礼,并且她也说了脏话。"但很显然,男孩子的辩解和周围人对那售票员态度的佐证全都是无用功,判决是事先拟好的。只见蓝眼睛转身从那售票女孩儿手里拿过一摞欧元的硬币,稳稳地放在了迪拜男孩儿面前的地上,平静却冷酷地说:"你的女友可以登塔,你不可以,这是退你的票钱。"听到这话,在场的人都愕然。

经过了埃菲尔铁塔事件,小伙子的遭遇让两个孩子对我当初那句"出门在外,多一事不如少一事"颇有心得。显然,孩子们并没有对我的后半句话产生共鸣。事实上，我更想让她们领会的却是：这种人值得我们认真吗？这句话我既是说给孩子们的，费了那么多笔墨，也是提醒你我共勉。生活中有很多事情会让我们恼火，但是并不是件件都需要我们去认真处理。我们大可不必把宝贵的时间奉送给那些或是在公路上抢了我们车道的司机，或是饭店里对我们不甚和蔼的服务员。人的精力有限，我们只需找到些关键的事情去较真儿，这对我们的生活才有意义。

再叙！

姐姐

被民风淳朴忽悠

妈，这周围怎么一个人也没有啊！

珮嘉：

你好！

今天我和琳达到了圣基茨岛（St.kitts）。离码头不远就是圣基茨国家博物馆，博物馆很小，参观的人极少。一个英俊的岛国男孩子把着大门负责收票。展览的内容很简单，讲的是这个岛从被法国和英国殖民到独立建国的过程，二十分钟就转完了。临出门的时候，又遇到那个收票的男孩子，看他面善，我忍不住问他是不是可以把票还给我们做纪念。他说自己是志愿者，做不了主，得上楼问问这里的主管。我刚想说"算了"，话还没出口，那男孩已经蹿上了楼梯。琳达在一边怪我多事，我心里也后悔，天气这么热，害人家孩子为这么点小事跑上跑下的。还好，只有两分钟工夫，那男孩子就蹦蹦跳跳地回到我们面前，手里捧着两张票，满头的汗，满眼的笑。把票还给我们的同时，还和我们提到了 Brimstone 堡垒，说是离博物馆不远就有去那里的郊区车，建议我们去看看。

Brimstone 堡垒是个国家公园，也是英国人殖民圣基茨岛时，为防御外来者入侵而修建的军事堡垒，被联合国教科文组织放入保护名单。虽然堡垒是个值得参观的地方，但之前考虑到路远，加上听说这里野猴经常出没，所以，行程里也就没把它安排进来，但经过博物馆男孩一通推荐，感觉不去一趟似乎对不起他的热情似的。看看时间还早，不妨走一趟吧。

上了车，我俩都傻了眼，车况和车速均可与我国四线城镇的水平有一拼。要不是同行的土著人大大咧咧的说笑声和司机一路播放着的岛国摇滚乐压着，我们的心真要从嗓子眼跳出来了。下车时，司机和车上的乘客夸我们能摸到这里真是本事，还手脚并用地为我俩指路，让我们为这岛国的淳朴民风再次感动。

下车后，我俩按司机的指引，很快找到了去城堡的入口，可情况并不像我们想象的那么简单，目测 Brimstone 堡垒的高度，这才发现，比起刚才乘车的危险，我们要面对的情况更难预料。琳达小声嘀咕："妈，这周围怎么一个人也没有啊！听说这个国家公园里可是常有绿毛猴出没的。"

事到如此，后悔也没用了，虽然心里已经被吓尿了，但脸上还得撑着。还好，一路的美景不负我们的期望，两个小时，我们徒步到达山顶，并没有遇上传说中的绿毛猴。见到众多游客的那一刻，第一次感觉到人多是多么美好！

经过了方才的险，再不敢冒失。我找了个阴凉地方歇脚，派琳达去找辆靠谱的旅行车下山，可巧有个车有空位子。司机说两个人三十美元，我们同意，随即上车。途经湾区，大家下车照相，我从钱包里取出两张二十美元的钞票，让琳达找司机付车费，不一会儿琳达回来，我问："找的十块钱呢？"琳达说："那个司机说不找了，他说，给我们的价钱已经很便宜了。"这话让我想起上个世纪大栅栏一带的小混混，下意识地望望那英俊的司机，心想，看这面相不该呀。

五点，车子准时到了城里的码头，等到所有的人都下了车，我带着琳达走到司机面前："嗨！小伙子，你刚才是不是忘了找我女儿十块钱？"听了我的话，小伙子脸红了，一面忙推说自己刚才没有零钱，一面从他座椅下面的盒子里掏出一摞大钢镚儿。看来，琳达说得不假，他刚才是想欺负小孩子来着，可偷看他那张红布似的脸，原本硬着的心也就软了。从他递给我的那堆钢镚儿里捡了四块钱放回他手上，说是给他的小费，再看他的脸，更红了。

之前总是数落孩子们做事冒失，现在想来，我们自己也强不到哪去，半辈子的社会阅历，经得起坏人的骗，却禁不住好人的劝。想想今天，从冒失地登上那辆破车、在一路无人的国家公园的荒地上徒步，到不知深浅地向当地人讨回十块钱的公道……这种玩法还真的挺幼稚的。常言道"旅途如人生"，此前，总以为是人们把旅途中的困难与人生的种种艰辛相比，现在看来，"不可预知"才是旅途和人生最大的相似性呢！悟到这么一点，也算是圣基茨之行最有价值的部分吧。

再叙！

姐姐

安妮的历史课

说说全球的气候分布对于国家形成会有多大的影响呢?

珮嘉:

你好!

你在多次的来信中都提到对安妮的历史课很不放心。课上,老师和学生的手里都没有当地教育局统一的教科书,从安妮回家学舌推断,历史课的主要内容基本是讲故事和讨论。你担心这样下去,未来的 SAT 和 AP 考试的成绩会是一塌糊涂的结局。

这次去纽约,正赶上安妮期末考试。最后一门是历史课的考试,我那天不忙,所以帮助她复习了一整天。由此,我也体会出了美国人教授历史课的一些门道,写信说给你听听,以便今后你们帮助安妮时可做参考。

安妮先是告诉我,她们班上有两个聪明但调皮的孩子,上次期中考试,因为没有好好复习,得了很差的分数,但老师并没有当着大家的面批评他俩,可也没有饶了他们。作为对这两个孩子的惩罚,这次期末考试的复习提纲,老师是让他俩负责完成的。老师说,当然大家也完全可以不选择按照他们总结的内容复习，另搞一套完全是没有问题的，只要是有根有据。听了这话，我立刻心里没了底：历史考试怎么可以如此随意？直到看见安妮的笔记我才明白这洋人教历史的门道。

比较明显的死记硬背的部分是世界各国同一时期的文化、思想、政治制度的比较，这让我想起了柏杨先生的那本《中国人史纲》，书中每段文字后面都会有同期中国之外国家情况的介绍。后来看到很多历史研究的书籍都有类似做法。所以说，这貌似死记硬背的内容中，似乎也夹杂着一点"活"的成分。

还有相当一部分是主观题，比如"你觉得国家的形成仅仅是人的主观因素决定的吗？""说说全球的气候分布对于国家形成会有多大的影响呢？""为什么有的宗教是崇拜多神，有的宗教是信奉一神？""从远古时期的洞穴文化中，我们看到人类最初是如何组织自己的社会的？"……

看了这些问题后，不知你有什么感受。我的第一感觉是：这些看上去不要求死记硬背的题目，骨子里却是以认知为基础的；表面上是不要求记忆，但实际上却是非记住些知识不能回答得出的。这些问题其实并没有什么所谓的标准答案，但是要想回答得是那么回事，得到高分，肚子里没有大量的阅读或是平时不认真参与老师的课堂讨论，断然是行不通的。原来是"功夫在诗外"！我这个猜测，恰恰被安妮桌上的那个老师推荐的一大串参考书目所证实。而现在看来，安妮课外的读书量和老师的要求还是有一定距离的，更不要说把那些书中的信息条理化而变成自己的观点了。

所以说，这洋人教课的模式你看清了吧，上课不过是个引子，真正的功夫还是在课外的。这里，给你推荐一本书《房龙地理》，琳达很小就喜欢看。这本书和一般介绍地理知识的书不一样，房龙以地理为基础，实际上说的是人类的文明发展史和地理环境的关系，这是一种非常有价值的，也是很有意思的研究方法，和安妮期末复习提纲中的很多题目如出一辙。

再叙！

姐姐

慎要言必称"人家"

异国他乡，受了这等委屈，心里的苦楚想必断不能叫家人知道的

珮嘉：

你好！

最近思坤来信说，她们一家人已经顺利移民了。但从她字里行间流露出的语气看，当初言必称彼国的她，亢奋的心情已经减去了大半。她讲，彼国的情况并不像她当初旅行时的所见，过起日子来，还是蛮艰难的。如今，所有的积蓄都投在办理移民这事上，也只有硬着头皮走下去了。听了她诉苦，我也不好再提当初劝她慎重选择的话，但愿她能平安挺过这一段。说到这里，不禁让我记起今夏在巴黎遇到的一个情景。

那天，我带两个孩子去奥赛博物馆，路经塞纳河畔。左岸和右岸自然有各种游记中所描述的风雅，书店、画廊、情侣漫步，不一而足，但乞讨、卖艺的苦人也为数不少。从一个大台阶下来，只见河岸边正有一华人画匠给一洋人游客画肖像。

通过聊天知道，这画画的小伙子是四川人，毕业于国内一家很有名气的艺术院校。安妮和琳达见其笔妙，不但要看到

画毕,还要看清那买画的洋人付了多少钱才肯走。只见那洋人接过画,毫无表情地看了一眼,随即将画递给了身后的七大姑八大姨儿。一家人传看后,摇头的摇头,撇嘴的撇嘴,"不好""不像"的话似要把那个清瘦的画匠埋了一般。那画匠法语不熟练,并不能自如地和对方沟通,身体倾斜着,涨红了脸的样子甚是可怜。遇到这样的顾客,不但白白花去了一个小时,分文不能收取,自己的名声也被这一家人的刀子嘴给毁得不成个样子。最后,那画匠一声不吭,收拾了画具走了。异国他乡,受了这等委屈,心里的苦楚想必断不能叫家人知道的。想到这些,我和孩子们离开时,心都塞塞的。

从前,我是最爱去巴黎的:卢浮宫、奥赛、蓬皮杜、塞纳河畔,巴黎的白天和夜晚,这一切无不让我心驰神往,可方才说的那个景儿,却真真叫人从云端一下落在地上,直到现在想起还倒胃。

很多向往移民西方国家的人们普遍认为,只要是登上了发达国家的列车,自己的命运自然就跟着发达了。其实世上的很多事哪有表面上显露得那么光鲜,背后的层层苦楚,只有亲身经历了才能体会。早先,两个孩子话里话外常有羡慕亲朋移民他国的意思,而巴黎的这一课,想必一定会让她们多些考量,将来少些思坤的盲目与冲动。

再叙!

姐姐

在巴黎说中国话

卢浮宫的咖啡厅永远是拥挤的

珮嘉:

你好!

在巴黎转悠了两周,现在,我和孩子们都不约而同地发现了一个现象,就是巴黎人对英语并不怎么待见。有时我们用英文和当地人交流,他们回应你的时候,眉毛里仿佛总是藏着些小埋怨似的。我琢磨着,既然人家把英文看成是小语种,我们又何必找别扭呢?索性多讲中文,顺当还体面,何乐不为?

今天我带两个孩子去了卢浮宫,到早了,卢浮宫的门还得等一刻钟才开。不过这片刻的等待,也正给了我们在贝聿铭先生设计的玻璃金字塔前驻足的机会。一同排队的老外对这座华人建筑师的作品无不称道,这让我们在队伍里说中国话的劲头儿特别足。九点钟,卢浮宫的参观准时开始。到服务台取导览图,竟然有中文的,我和孩子们不由得又是会心一笑。

卢浮宫真是太大了,展品的数量也太多,我们虽然之前雄心勃勃,但到下午,身体疲倦和饥饿的程度已是到了非去咖啡厅不可的地步了。

卢浮宫的咖啡厅永远是拥挤的。立了好久,服务生才为我们找到了空位,但是,是和一对银发碧眼的老外拼桌。这样拥挤的用餐环境在中国是不可想象的。为了吃个自在饭,我们得想办法和邻桌的洋人隔开点儿,灵机一动——讲中文!对,"中文",这不就是个最现成的屏风吗!

等菜的当口,我问孩子们今天的参观是否觉得收获很大呢?琳达打趣道:"妈,您这话问得真乡土。"安妮也跟着凑了一句:"有点像领导讲话的味儿。"话音刚落,还没等我开口,同桌的两个邻居倒先笑了。我心下想,这孩子犟嘴的话,不用翻译,全世界横竖都一个味儿。眨眼工夫,冰激凌先到了,这让两个孩子开心了起来。琳达主动打开了话匣子:"今天虽说很累,但真是大饱眼福,好多画我在美术课本上都见过。"安妮边吃冰激凌边侧脸问琳达道:"姐姐,你说为什么西方人这么喜欢画裸体的人,我们中国的画儿怎么就不这样呢?"听了安妮的问,我下意识地看了一眼周围:"你们小点声儿,这样的话回家说去。"话毕,一抬眼,不料,恰和同桌的两对儿蓝眼睛撞了个正着。怎么?这俩老外像是能听懂中国话似的?我不禁开始怀疑起"屏风"的隔音效果了。

显然,琳达没有察觉到什么,把安妮的问号大大方方地递给了已是有点儿红了耳朵的我:"妈,妹妹说得还真不假,您说这是怎么回事呢?"还好,正在这时,服务员端来了饮料,我边接过杯子边想主意。不管身边这老两口是不是懂中国话的"间谍",稳妥起见,还是"宁可信其有"吧,当务之急是得赶紧把话题从"裸体"上拽走。想到这儿,我夸张地提高了嗓门:"安妮这个问题,提得很有水平!要想回答这个问题,不懂点艺术史可不成。"安妮用她的小眼睛打量着我脸上的风云变幻,并不轻易相信我对她的好评。琳达更是狡猾:"安妮,你千万别上我妈当,我看她是要借机骗咱们看她的书呢!"安妮的眼睛顺着琳达的话音又回到我脸上。我边给安妮倒可乐,边对安妮笑道:"安妮,要不是姐姐提醒,姨妈还真忘了,我还真有本《西洋美术史》,正是能回答你刚才的问题的,不借别人,专给你看。""看看,看看,我说什么来着,狐狸尾巴露出来了。"琳达一手捂着嘴笑,另一只手正要去搂安妮的肩膀同乐,不料,那手半道儿上却遇到了一杯满满的可乐。这突然的碰撞,来得不仅急而且还很剧烈,而承担事故全部责任的,恰是安妮那件雪白的连衣裙。琳达的惊慌、安妮的无助、我的恼火,霎时搅到了一起,我们的小空间眼看着就要着火了。

"别发火,女士,她们是多可爱的两个小家伙呀!"邻桌的先生第一时间赶到了"火场"。跟在后头的老伴儿,边指着安妮满是可乐的裙子边柔声细语地说:"你看,她们还会'作画',女士,这算不算泼墨呀?"

本以为,讲中文,除了顺嘴儿,在巴黎,最大的好处莫过于安全——由着性儿地聊天,一准儿没人能听懂。可是你看了吗,世界却在不知不觉中已经变了,中文似乎已经不是小语种了。

再叙!

姐姐

唠叨就是传承

"穿好衣服不见得就代表有教养啊。"

珮嘉：

你好！

英伦的美景真是美不胜收。今天我带着俩孩子去了位于牛津郡 Woodstock 镇的丘吉尔庄园。临行前，我逼着孩子们查了丘吉尔庄园的资料。参观丘吉尔家族历史展览时，虽然文字冗长，但她俩却显得格外有兴致，再不提行前我强迫她们查资料那事对她们小心灵的伤害了。

丘吉尔庄园美若皇宫，不但建筑物内部华丽雍容，庭院里的雕塑、喷泉和花园同样值得驻足。由于不是假期，在园中穿梭的游客并不很多，所以迎面走来的一群亚洲人便很打眼。这群人蛮安静，身上的穿戴品牌不凡。因为离得不很近，所以我们并不能十分确信对方是不是国内同胞。安妮从那些考究的妆容上判断他们像日本人；琳达以其不苟言笑的举止判断他们像是韩国人。两人不得定论，遂罢。

中午，孩子们饿了，我们就到院内的小餐厅吃饭。餐厅不现代,和庄园古朴的风格比较搭调。可选的吃食并不丰富,所以点菜很简单。问清了孩子们想吃的东西,看看四周几个洋人都是老老实实的人,就放心地把孩子们丢在了座位上。因为汤是现煮,所以得在柜台那里等。正在这当口,只见餐厅门口有十几人忽至,不是旁人,正是方才一行。他们相互招呼着占座,不用细辨,仅凭其口中那些会跳远的"赵总""老李"便知,我这是他乡遇故知了。回头看座位上的孩子们,身边的空位已是放满了占座的衣帽。看两个小家伙的脸色,想必她们刚才关于那一行人"国别"的疑问已经解开了。

吃完了饭,走出餐厅,两个孩子窃窃私语:"他们可真能吃啊!每人点了那么多。""是啊,占座的衣服都是名牌!"我只装着没听见,催着她们快点儿赶路,最后一班去花园的小火车眼看就要开了。坐定了位子,我就开始郁闷起来:"嗨,这社会真是个大染缸,咱们在家里磨破了嘴皮子教的那些价值观,难道这一眨眼的工夫就动摇了吗?"

"呜……"还好,我的不快很快就被小火车的一声长鸣盖住了,这声音也让孩子们无比快乐。几分钟的工夫,小火车就停在了花园边上。那花园可真美,满园紫色的薰衣草随风起舞,落在上面的蝴蝶像是在打秋千,孩子们的笑声似乎都掺进了花香,还有什么能比眼前的这些景致更能牵动心魄的呢?更令我意外和欣慰的是,从孩子们后来的议论中,我探到了她俩对于"赵总"们的做派其实是很有看法的:"穿那么好衣服的人,怎么却那么吵。""穿好衣服不见得就代表有教养啊。"偷听到两个孩子这些小嘀咕,心里暗笑,这些不正是我们平日唠叨的话吗?敢情方才差点儿误会了孩子。

这事让我想起你总和我讲的一句话:"孩子既然不爱听父母说话,我们何必费那口舌呢?"从这件事上你看到了吧,我们平日的那些"唠唠"还是不容小视的。孩子们在成长过程中的是非曲直,不是我们做父母的分辨给他们听,还会有谁会心甘情愿地承担这个责任呢?回想起来,你我的价值观不也都是父母当年硬顶着我们的"不耐烦"念叨出来的吗?

再叙!

姐姐

和鬼节较真儿

一个世纪前的人都有这样幽默的心胸,更何况我们这些生活在互联网社会中的现代人

珮嘉:

　　你好!

　　你来信说,今天,带着安妮参加万圣节的游行时,小家伙兴奋不已,而你却觉得此节不可理喻。你说那些游行的人马活像是中国乡下出殡的队伍,此比实在是形象又令人发笑。这不禁让我想起陶菊隐先生在《美国人的享乐主义》一文中,把鬼节调侃成"癫狂性的娱乐"的话。

　　你怪安妮热衷于闻"洋屁",这样的指责对于孩子实在有些苛刻。她身在海外,入乡随俗,是再寻常不过的事情了。若是你此时回国看看,你一定会眼镜大跌。你可知道,最近几年,西方人那些不明不白的"癫狂性"的娱乐,现在的国人玩起来是多么享受。不论男女,也不问老少,大家似乎是逢节必过的了。不过,这样的景象也并不独出在中国。去年我在波士顿过春节时,也眼见好多蓝眼黄毛的洋人穿着中国马褂游行凑热闹的;纽约的帝国大厦还特为中国春节点灯添彩。看来,现如

今，西方人中也有很多做了我们的跟屁虫的。若是按照你我原先的逻辑，这些洋人也当是应被列为"媚外"的一类了。

要我说，咱们对于这些闹哄哄的洋玩意儿不可太过认真，更没必要掺进些恼火的情绪，不就是玩吗？你看人家陶菊隐先生是怎么看待西方国家这类荒唐节日的："本来人类不过是高等动物，优秀民族受礼教和法制的束缚，极力镇压自己，不使癫狂性流露而已，然而无形中也有情不自禁，一触即发的机会。聪明的美国人看清了这点，所幸规定一个发泄癫狂性的时期，以免有自动爆发之危险。"一个世纪前的人都有这样幽默的心胸，更何况我们这些生活在互联网社会中的现代人。用句新人类的话说，就让民族的，也成为世界的，好吗？想想看，如不是承蒙韩国人总掺和咱们端午节那档子事儿，端午节在国内哪里能有如今这等地位，反过来，咱们为人家的妖精节挥挥小旗儿，又有什么了不得的，何以让孩子们背上个"喜闻洋屁"的罪名呢？

再叙！

姐姐

偷懒儿的借口

世上的竞争哪里只限于头脑中的学问和身体的健壮这些呢

珮嘉:

你好!

周末的早晨,我们能在电话里开心地聊聊《荆棘鸟》,真要感谢孩子们睡懒觉的习惯了。遗憾的是,我们还没有尽兴,就到了该准备早餐的时间。想到你我匆匆挂了电话,着急忙慌奔向厨房的模样,一定很滑稽。

这个画面忽然让我记起去年秋天我俩在樱桃沟散步时的情形。你说,要是你我总能这样惬意地享受自己的空间该多好。你还认真地问我:"为什么做父母的一定要为孩子的事情付出那么大的精力?人家洋人怎么都不这样儿?"细想你的话还真是这么回事。"儿孙自有儿孙福,莫为儿孙做马牛",这本是句中国的古语,现在看来,此话反倒是我们这些中国的父母很难做到,却成了西方人对待子女的写真。

不过,转念想想,万事的存在必有它存在的合理性。我们周周到到地伺候孩子们的衣食起居,说良心话,其实也远不止只为孩子们本身着想这么单一。我们的汗珠子里难道没有掺和着那么一丝心甘情愿的快乐吗？不过昨晚，当我看了琳达在悉尼游学的笔记后，忽然觉得我们这些父母奉献并快乐着的"马牛状态"还是存在不小的问题的。

琳达的日记这样写道："今天是法国同学做的法餐，从菜的味道到餐桌的陈设都真是没得说，有样儿又好吃。明天该轮到我们这几个中国同学了。妹子们的脸色看上去似乎是遇上了期中考试，虽是开卷，给了得数，却不知道怎么凑出过程。包饺子吧，没人会擀皮儿；炒菜吧，西红柿炒鸡蛋还算拿手，但其他的菜怎么凑？十几张嘴呢！想想隔壁那些家境阔绰的洋人，今日在厨房里熟练地抡锅挥铲的样子，第一次觉得什么叫'劳动最光荣'，不会做事是多么傻气。"看了琳达的这几行字，不知你是否能感觉出我们往日周到伺候孩子背后的可悲和忧患来。是啊，世上的竞争哪里只限于头脑中的学问和身体的健壮这些呢。

眼见着琳达就要独自去留学了，虽没到亡羊补牢的境地，留给我传道的时间也是蛮紧的。毕竟，把洗衣做饭这些琐事，让她做得井井有条，也并不是一日半日的功夫。而你却并不需太急，适当地出让些厨房这样的领地给安妮，让自己的生活加进些惬意闲散，偷些懒儿，对孩子和你都是件好事。

再叙！

姐姐

剑桥半日游

只见他小心地揭开盖布，原来橱窗里是牛顿的一绺头发

珮嘉：

你好！

我们已经顺利到达了剑桥，并且已经在你为我们预订的旅店住下了。虽然这里的条件不比大饭店，但地理位置非常好，离剑桥那些知名的学院很近，这是最难得的。不过，在剑桥参观并不像在牛津，一路上没有你陪同，好多学院是不能进去的，不免有些走马观花的味道。

康河仍是美的，比图片上的美还要加进一些湿润的气息。康河的美，于我，是因为《再别康桥》，所以自然会把这首诗看作是康河的注解。但如今驻足河畔，我又有点糊涂了，忽然又觉得，诗，应当是主角，这美景是那诗的背景才更符合逻辑些。此外，我还有个奇想，若不是"轻轻地我走了，正如我轻轻地来"，这剑桥的康河和牛津的查韦尔河倒也没有太大的不同。设想，徐志摩先生若是当年在牛津生活，查韦尔河在中国人心中的诗意也许是不会逊于康河的。

因为时间并不富裕,我没有带孩子在康河划平底船,而是选择去了参观三一学院的图书馆。孩子们对我不划船的决定起先不大高兴,直到参观图书馆结束,两个小家伙才重新和我做回了朋友。

剑桥大学三一学院图书馆,在游客当中的知名度并不如学院门前那棵象征牛顿发现万有引力的苹果树,所以,来这里参观的游客并不是很多。和我们一起排队的大都是当地的学生和貌似学究的老者。

游客进入图书馆前是需要边排队边站着听管理员讲课的。一听才知道,这图书馆让我们看的并非那些一般的图书,而是陈列在玻璃桌里的几样宝贝:圣保罗的"使徒书信"手稿、牛顿自藏的初版《自然原理》、弥尔顿的诗作手稿、米尔恩《小熊维尼》的手稿、初版的莎士比亚著作……两个孩子见人家管理员是五六个一拨放一批人,自然觉出了这参观机会的难得。我们仨是和两位戴眼镜的老者一起进去的。

为了不让光线和尘土对展品造成破坏,陈列展品的玻璃桌是用白布盖着的,谁要是想看里面的陈列品,需自己动手掀开白布的一角,看完了再盖上。排在我们前面的高个子瘦老头儿小心翼翼地掀开白布看了好一阵,急得后面的俩孩子直跳脚儿。可待到人家欣赏完,她俩凑过去一看,却都傻了眼。展品并不是她们期待的小熊维尼,而是牛顿《自然哲学的数学原理》的书稿,站在她们身后的我也并不懂这些,又不能不懂装懂瞎讲,除了拉来"好好看"这仨字儿帮忙,我实在想不出还有什么好办法能把孩子们的头按在橱窗上。

正当两个孩子失望地准备转战其他橱窗的时候,我用余光瞥见方才前面那老者缓缓转身，并示意孩子们赶紧过去。只见他小心地揭开盖布，原来橱窗里是牛顿的一绺头发。老者俯下身，指着展品，对两个孩子说了好一阵，说得这俩的眼睛越睁越大。之后的参观，他们仨成了一团儿，俩孩子就此一直伸脖子瞪眼地在人家的胳膊肘儿底下转悠，兴致甚高。

参观完图书馆出来，两个孩子再不提那段我不让她们划船的旧账了。不仅如此，还喋喋不休地给昏昏欲睡的我上起了课。考问我方才是否看到了牛顿的手杖；牛顿亲手画的那幅万有引力的草图出自哪里？那个研究人体结构的绘本是哪个世纪的？两个小朋友的现学现卖着实可爱，想想那老者仅仅做了她们十几分钟的老师，就能让孩子们对他们陌生的世界产生如此大的兴趣，对我这个妈妈真是触动很大。

再叙！

姐姐

旧学的局限

最佳的状态是让各种文化在孩子们的头脑中碰撞起来

珮嘉:

你好!

听说你最近重读了许多古书,感觉思想上有了不少长进。在如今这个年代,你能如此静心修炼,着实不易。若能这样坚持下去,你的文章定会大有长进。

昨日你来信说,处世的哲学和方法,中国先贤的语录似乎已尽数。若是孩子们能读透几本,哪里还用得着再把时间浪费在现代人那些白开水似的见解上。

你这个结论想必是读书人最为普遍的想法了。记得当年祖父也是这么说:"如果小孩子肚里先有本《论语》,在世上,会少跌很多跟斗的!"我最近无事,买来几本明清时期的小说翻看,书中所述市井诸事、官场游戏、民俗风情无一不在今日社会重现。想想现实生活中摸索前行的众生,若是早有和这些书结缘的机会,还不知要少走多少弯路呢。

不过,每当我得到一个自以为是真理的东西的时候,总不免要生出一种生怕因为大脑的浅陋而让自己空欢喜一场的担忧。而生活中的好多错误也确实常来自于那些急于下定论的冲动，特别是那些和教导孩子有关的信息。由此，我不免怀疑，若是将上面那些观点当作结论，并在家庭教育中付诸行动，会不会有些草率？

你信中说，《论语》中的很多语录到今天仍然适用，并会将其奉若真理，命安妮牢记。我以为，牢记是必要的，今后无论是用于遇事、遇人的判断，还是用于论文中引经据典，或是御寒或是装饰，这件外衣还是十分好用的，但你的另一个观点"要将其作为孩子们处世的真理来信奉"，这我不大同意。

不错，流传了两千多年的经典篇章，一定有着超强的生命力。然而，了解古人的哲学，我以为却也不必陷入古人的思想和逻辑。

世界上的确不存在两段完全相同的历史，所以，即便是再睿智的人，也无法做到能预言历史长河中每一处弯道的深浅。如果说时代的步伐没有停下过，那为什么我们却要让孩子们的思考停留在那么久远的年代呢？我们将古人的智慧高悬在孩子们的眼前，甚至鼓励他们去信奉，这岂不是把他们思维的翅膀用远古的思想捆住吗？

我以为，认识中国古代的文化经典是件好事，但如果让这种文化强势到要独占孩子们的心灵时，这里面就不免会埋下某种危机了。我所感到的这个危机是指，孩子们将会失去自由思考的动能，也就不易再从旁人的各色想法中自如地汲取营养，从而逐渐丧失对世界作出客观判断的能力。这个局面，倒是有点像是洪水泛滥时的场景了。

安妮长在西方，在那里生活；琳达也马上赴美，接受西学的教育。她们大脑被全盘西化是我们所不愿见到的，而在大洋彼岸的课堂上，固执地信奉一种思想，岂不也是愚蠢可笑？我以为，最佳的状态是让各种文化在孩子们的头脑中碰撞起来，抓住一个问题去思考，而非抱定一种观点去坚持。

再叙！

姐姐

不一样的向日葵

讲课的老师是英国人,牛津毕业的,我这才放了心

珮嘉:

你好!

今天是周末,一个人在家。太阳很好,卧室暖洋洋的。搬了把躺椅,取出了丰子恺先生的《西洋美术史》。我边看书,边随手在空白的地方标注些感想,偶尔嗑几粒南瓜子,喝一小口红茶,感觉别提有多惬意了。遇到丰子恺先生谈及现代派艺术,还不由得想起了前年夏天,带着孩子们去巴黎奥赛博物馆的事。

奥赛博物馆在塞纳河的左岸,与卢浮宫隔河相望,以收藏印象派画家的画作闻名。这个博物馆与卢浮宫、蓬皮杜一道,被誉为是巴黎三大艺术馆。我虽然很喜欢印象派的画,但也仅仅是喜观赏,并没有说出所以然的能力。为了避免面对孩子们的"问问问",参观前,我为她们约了奥赛博物馆的小学生一小时艺术课。

这样的课在奥赛并不是纯义务的,有点儿托管班的意思,

每个孩子要花上几个欧元。我心想,若是用这点学费让她们知道些西方美术史,也算值得了。把她俩打发了,自己在博物馆里溜达,一身轻松,外加大饱眼福,真是神仙感觉。不过,只一个小时的光景,两只小鸟就回了巢。看她们欢蹦乱跳的阵势,怎么也不像是刚被灌过墨水的样子。莫非那老师是讲法语的?这俩什么都没听懂?连忙追问,直到问出那讲课的老师是英国人,牛津毕业的,我才放了心。心想,若是法语,我那十几欧元岂不是白扔了?两个孩子自是笑话我俗气。我才不理会她们,一定要刨根问底:"那你们一个小时都干嘛了?"我着急地问。安妮道:"老师给我们讲了几张印象派的画,然后,让我们临摹了一张,就下课了。"啊?十几个欧元,就干这点儿事!安妮似乎看出了我眼睛中的不上算,同情地饶上了一句:"噢,对了,老师还留了作业呢!"看安妮说不清楚作业的内容,琳达上来帮腔:"老师让我们回去好好想想,凡·高和莫奈的向日葵有什么不一样?"

八年过去了,我几乎忘记了这个赔了本的买卖,今天读到丰子恺先生分析印象派莫奈和后印象派凡·高时,忽然想起当年孩子们口中的奥赛之问:"凡·高和莫奈的向日葵有什么不一样?"

依丰子恺先生的见解,莫奈的向日葵是光在物上的摹写,以纯粹的绘画兴味为本体,体现的是唯物的态度;凡·高的向日葵是形的韵律,加进了个性的新的实在,注重的是内心的表达。把这层意思当作是奥赛之问的答案,想必应当是"不丑"的了,而这个答案的背后也正是印象派发展史的脉络——从忠实客观的印象派到着眼主观的后印象派。

合上丰子恺先生的书，我闭上眼睛，不禁琢磨起这西方人引导孩子"上钩"的法子来。"凡·高和莫奈的向日葵有什么不一样？"这句看似简单的一问，其中的路数却是很深。倘若是把这个问题改写成我的考题："给我说说印象派和后印象派的不同点是什么？"恐怕孩子们马上就会被吓得逃之夭夭了。唉，只可惜我这外行居然看了这许多年热闹，才琢磨出这门道来。想想自己做了十几年的家长，把有趣的知识教得无趣，把无趣的知识讲得更加无趣，暗自计算一番，这种事情还真的干了不少呢！

这事似乎也让我找到了自己一直以来对艺术敬而远之的缘故。学校美术课上，老师"闷声大发财"的教法；自己钻到图书馆硬啃"高大上"的艺术书，一直看到眼皮打架；画室里无趣而机械地临摹……这些迎难而上的苦学法，其结果，不但没让自己与艺术结缘，却反倒是因途中的乏味而与艺术渐行渐远，想到这些，心里直叫"上当"！

再叙！

姐姐

稿子消失了

唉,生活中,怎么处处都有面临重新开始的危险呢?

珮嘉:

你好!

去年年末,我经历了一个特别悲催的事情!电脑一时出了毛病,加上我又有点手欠,轻率地点了一个不知道是哪个"挨千刀"的键,一个回车之后,用了我足足一个星期时间写好的一篇文章,瞬间就在我眼前消失了。起初我还没觉得问题有多么严重,想着这电脑的脾气再大,还禁得住我找高人修理它。可没想到,大半天的时间过去,任凭是谁来,这电脑就是不肯把稿子还给我。

周末,爸爸来我家,看破了我脸上的阴云,一副颇不以为意的样子:"你没得可选,再写一遍呗!"虽说这话也是我心底的声音,但对爸爸的脱口而出,实在不能接受,我甚至有点生他的气。

下午,才把爸爸送走,就接到任萍的电话,说是医生讲,她右腿的关节损伤严重,恐怕今后行走要靠拐拐了。听到这个消息我不禁愕然，舞蹈曾是任萍的梦想，也是她为之奋斗十几年的事业，如今，已是三十岁的她，又将如何面对舞蹈生涯的结束呢。放下电话，我非常难过，不知怎的，忽然联想起了我丢失的那篇文稿。唉，生活中，怎么处处都有面临重新开始的危险呢？

晚上，整理你寄来的那箱书，看到了那本英国著名的登山者 Edward Whymper 的回忆录，白天的愁云似乎也被他充满活力的描述拨开了。

Edward，一个二十岁的英国青年，从 1860 年起开始他的登山旅程，五年间，经过七次失败，终于在 1865 年完成了到达阿尔卑斯山 Matterhorn 山峰的壮举。不过我要说的却不仅仅是他不怕失败的毅力，而是他如何以一个新的姿态站起来的过程。

运用耐心和智慧，再次从原点出发，这是 Edward 应对每一次失败的唯一做法。失败的攀登，促成他研究冰川的运动规律；失败的攀登，促成他提出在阿尔卑斯山开挖隧道技术的新见解，并把自己琢磨出来的特殊的绳索使用方法介绍给其他登山者；失败的攀登，促成他发明了在登山过程中使用的高山帐篷、锯齿状抓钩。最令我印象深刻的，是他对于登山计划的一段评论：对于一个登山者，你一定要好好了解即将攀登的山脉，你要从远处观察它，也要从近处端详它，但如果你要确知即将真正面对的是什么，还是要等到你开始登山的那一刻。

我虽然对登山探险一类的事一窍不通，但 Edward 的书，对我却没有任何阅读障碍。五年间的七次失败，理解这个，的确不需要专业；不把失败当作失败看待，这同样也和专业无关。那么 Edward 的阐述，在我看来，便是可以适用于解决生活中的每一件糟心事了。

　　晚上，我来了勇气，打开电脑，准备重新写那篇只剩了个题目的文章。提笔前，我给爸爸打了电话，忍不住告诉他，为这篇文章，我曾经是怎么生他的气。而他似乎已经忘记我说的那个茬儿了，不过却顺着我的话题，说了件他儿时的往事：早年间，他亲眼看见他的外祖父，从一场灾难性的大火中重建了家园。

　　找个机会把这些告诉孩子们。

　　再叙！

姐姐

何以解忧，试试红楼？

仔仔细细翻了半个月，也没看出哪里是在描写宝黛谈恋爱

珮嘉：

　　你好！

　　你来信说，你对西方年轻人当街示爱的举动十分不解，并很担心安妮将来也会受此风俗的传染。加上上周学校里给学生们发放安全套的举动更是令你不安。入这样的乡、随这样的俗，于你我而言，着实不安，这等做法，的确与我们中国人的传统观念相去甚远。对这个问题我一时也难下断言，除了送上我们老祖宗"发乎情，止于礼"这句忠告外，还真没什么高招儿对付你的担心。不过，转念想想，虽无直接的法子，但也并不是无话可说。

　　最近无事，又读了一遍《红楼梦》，算起来这是我读这部书第五遍了。有些奇怪的是，书中好多话倒像是第一次才见到似的。想想，这也许就是蒋勋先生所云：《红楼梦》是值得人一辈子去读的书吧。你的来信，倒是让我想起了第一次读《红楼梦》的经历。

说来可笑，我第一次看这书是在十五岁那年，总听旁人说起这书是写宝黛爱情的话，心中好奇，总想见识见识，怎奈当时取得《红楼梦》的途径有限，最终还是借着在少年宫文学组的光，从图书馆把书搞到。因为不敢让父母知晓，所以一放学，就去景山公园的柏树下看，结果，仔仔细细翻了半个月，也没看出哪里是在描写宝黛谈恋爱，最终不解地把书还了。后来再读的时候，已是到了对爱情全无好奇心的年纪，反倒是看出了儿时不曾体会到的端倪。

　　从我的经历看，少年读红楼，与老朽读红楼不同，孩子们并没有多转的人生阅历，所以书中诗情画意的生活，便会首先成为呈现在他们眼前的人生盛宴，这真是件极好的事情，可算是帮了我们这些父母的大忙。所以，我对自己少年时期的初读《红楼梦》最感庆幸，常以"没有输在起跑线上"自诩。你想想，若是领教过宝黛之间温婉而含蓄情话的读者，如何还会对那些轻狂悖乱的示爱加以赞赏呢？

　　当然，我也并不能肯定地说，这样的阅读体验会对身处西方环境的安妮有决定性的影响，但领略一番这书中朦胧高雅的情调，至少也会省去一些我们教导孩子需自重的唾沫了。

　　再叙！

姐姐

为什么要打肿脸充胖子？

世间的盛宴不是为空想的人准备的

珮嘉：

你好！

昨天安妮从同学的生日Party回来后就把电话打到我这里，她说，她真没想到，平日和她朝夕相处的同学，家里原来那么富有。房子大、车子高级不说，还有好几个仆人和司机。下周就是她的生日，小家伙都不知道该如何在自己的穷家"轮值"了。

你也常跟我说起安妮随着年龄的长大，虚荣心也逐渐发了芽：穿名牌、住豪华酒店、参加俱乐部……这些东西不知是什么时候钻进她的小脑袋里的。昨天和晓晴一起聊天时，碰巧她也说起她儿子最近总提到"人家有钱，自家没钱"的话。可见，孩子们所处的天真的小世界也开始向世俗的小社会转变了。

虚荣，顾名思义，是不符合实际的荣耀。在食物匮乏的时代，那句俗语"打肿脸充胖子"就是对虚荣心最形象的比喻。这句话看上去可笑，但细想想，不是普遍存在于我们生活之中吗？而孩子们的小社会实际就是我们成人社会的影子。平心而论，他们的虚荣心其实大都来自我们成人的世界观。我们自身对财富、地位的追求，反感他人低看自己，希望得到旁人赞许的目光，不都是虚荣心在"作祟"吗？

虚荣心这东西大多时候，我们是把它作为人性中负面的东西来看待的，其实我们不妨换个角度去想。如果像你希望的那样，彻底消灭了虚荣心，我们的精神状态又会怎样呢？我们多半会变成非常实际的人：女人不必再用化妆品粉饰时光的留痕；男人们也大可不必非以功名为伴方才罢休；老人又何必举步蹒跚地到理发馆去，用难闻的化学试剂染黑自己的银发呢？若是如此，生活中那部分为了满足虚荣心而产生的上进心，多半儿也就没了踪影。这样的情况，你觉得能接受吗？

你来信说，这个暑假你想把安妮送到艰苦的乡下去洗脑，让她看看那些吃不饱的人的生活。我觉得虽然你下的这个药对孩子没有坏处，但药效持续的时间恐怕不会太长。因为过苦日子并不是安妮这种孩子生活的常态，让她对这一个月短暂的饥寒交迫做到日思夜想恐怕也很难。那么，我们是不是可以试着从另一个方向推进我们对虚荣心的认识呢？

记得两年前在一次活动上，我身边坐着一位非常富有的朋友，因为很熟，我问他："为什么会带着儿子来这样奢华的场合，不怕助长了孩子的虚荣心吗？"这位朋友从容一笑，答道："不怕的。我带他来，表面上看是娇惯孩子，实际上是来消灭他的虚荣心的。"我问他此话怎讲，他答："让他见识一下他一向膜拜的东西只是第一步，回去，我会慢慢给他讲在这里所见的那些浮华背后的艰辛。世间的盛宴不是为空想的人准备的，犒劳的是那些吃过苦头的人。"

这个例子虽然有些极端，但其中的一点我们至少可以领悟：虚荣心虽然是我们不喜欢的东西，但也不是一无是处。对虚荣心小心引导，也许对孩子的上进心会产生正向的动力，说不定比我们通常所用的"忆苦思甜"对安妮还更实际些。

再叙！

姐姐

得理且饶人

西方人年轻时是从不考虑"老寒腿"的

珮嘉：

你好！

来信说，你这几天正和安妮因为冬天穿裙子上学的事情怄气呢。你甚至有种感觉，安妮似乎对你苦心善意的训斥有些心生"恨"意，不仅如此，就连孩子的爸爸也只一味地批评你的态度而不问事情本身的曲直。对于这个局面你很困惑，来信问我，解决问题的良药在哪里？

你这个事让我想起早几年曾读过的一位英国绅士写给儿子的信，大意是：在与他人的争论中保持克制和礼让，这会使你所期待的优势都站在你这边。因为很多人都会根据事情的表象而不是实质来判断是非，能看清本质的人其实并不很多。

不知你看了这段话后有什么领悟？为了便于你理解，我先说件最近的家事让你听听。

最近爸爸迷上了篆刻，原本整整齐齐的写字台总是被爸爸打磨下来的石头粉末儿搞得脏兮兮的。妈妈打电话给我，让我评理，说是这石粉不仅脏，吸到肺里还影响健康。听了妈妈的话，我也很着急，当晚就去了他们那里。一进门，顺着妈妈撇嘴的方向，我马上就听到了钻头刺耳的响声，把头探进卧室，只见爸爸戴着眼镜，就着台灯的亮儿正专心跟他的石头较劲呢，我进来他都没发觉，更不要提满屋子的暴土扬尘了。吃了饭，我趁着和爸爸在河边散步的空儿与他说起妈妈对他的不满，不提这话还好，我这一说，爸爸像是个被点了火儿的爆竹："我早就知道你妈会恶人先告状，我的石头对她的肺不好，她嚷嚷得我的心脏病都快犯了怎么不说？我才不理她呢！"听了爸爸这牢骚，我脑袋里浮现出的当然不会只是妈妈的"豆腐心"了，于是，天平马上就歪向了爸爸。你看，这道理明明是在妈妈一边，可对于我这个旁观者来讲，手中的尺子并不只是"是非"，还加进了"态度"。你当然可以想象妈妈听我断案时是多么伤心了。与此同时，我确信你也明白我举这个例子的原委了吧。问题出在你的"刀子嘴"上，原本是善意，却没有用善言表达。

安妮虽说是中国出生和长大的孩子，但在国外这六年，身边同伴的行为举止对她的影响也是必然的。西方人年轻时是从不考虑"老寒腿"的，而"身体发肤，受之父母，不敢毁伤"，恐怕他们听都不曾听到过，就更甭提"父母教，须敬听"的道理了。像《弟子规》这类的古训，我很早就提醒你让安妮适当接触，而如今，想给身在西方环境的安妮补上这一课，的确不易。到了她这个年纪，现在恐怕已是错过了播种的时节，只得嫁接才成。当中需要的思考和耐心自是要多出许多。而事实上，要完成理念嫁接的恐怕还不止孩子，洋人父母举重若轻，和孩子讲道理时不温不火的那个劲儿，也实在值得我们中国家庭效仿。

再叙！

姐姐

母爱的自私之处

孩子们的理想和命运还是在我们的手中更可靠些

珮嘉：

你好！

来信收到了，你问我为什么昔日乖巧的安妮越是长大了越是不听你的话了，有时甚至到了不可理喻的地步。我猜，你的不可理喻一定指的是安妮要报考艺术类高中这件事了。你说，你们家没有一个人有艺术细胞，所以你满脑子想象的都是安妮在艺术这条道路上扑腾得遍体鳞伤的样子，而你们又无法伸出援手。对这样的担忧，我又何尝不曾经历，所以我不仅理解你此时的心情，也想把我往日的思考说给你听听。

我们常常说母爱是无私的，我们把最好的房间、最好的食物留给孩子，把最重的包袱、最难的事情都担在自己的肩上。就是孩子们磕了碰了，我们的心比他们的身体还要不知疼上多少倍不止……没有人怀疑过这是母爱的无私之处。而我却时常纳闷儿：对于大多数人而言，人性是自私的，为什么到了母亲对孩子，偏偏人性就成了无私呢？难道母性不属于人性的一部分吗？

你羡慕我的琳达是个乖顺的孩子，其实我有时也会和琳达为一些生活中的小事怄气。有一次我问琳达："为什么你有时听妈妈的话，有时却犯上作乱呢？"琳达翻着白眼儿："我要是对您百依百顺，我不就成了妈妈您的儿童版了吗？您不觉得这样很奇怪吗？"琳达回答虽然顽皮，但却不经意间解决了我之前的疑惑——母爱看上去无私，实质却是自私的。母亲把自己的孩子当成了"小我"，那些派发出去的各色母爱，给的哪里是叫作"孩子"的那个人，分明是那个"小我"才对。所以我说，这种爱恰恰正是我们身为母亲的自私之处呢！

以这个观点为前提，我们作为母亲的所作所为就都有了合理的解释。孩子们的理想和命运还是在我们的手中更可靠些：铺一条平坦的路，领着他们前行，途中不断地帮他们捡拾那些诸如上名校、跻身名流之类的成功的标志；倘或天有不测风云，我们的能力也足以为他们遮风避雨……但这样庇护那个"小我"多久？是不是今后他们终究会有自己上路的一天？这些隐忧难道会因为我们的回避而消失吗？不但如此，让我们这些父母更难接受的是，那个"小我"掉了的乳牙日益演变成了一粒粒算盘珠子，帮他们盘算着自己的未来，"小我"会在青春期努力挣脱那件曾用来为他们遮风避雨的外衣。而仍然强壮的"大我"生怕"小我"不管不顾的动作会带来不可预测的结果，便会极力地去阻止他们的鲁莽。这，就是你现在看到的你们母女间冲突产生的原因。

不知你是否能体会我此番话的逻辑，我所指思考，是提醒你能自省为人父母的道理，把孩子当成"人"，而非"小我"来假设和看待。在年轻人的脑袋里，恐怕最急迫需要的不是来自家庭的百般爱护；他们更急需成长。昔日的我们不也是如此吗？

  再叙！

姐姐

捞出蜜罐中的孩子

一个人的一生是苦是甜,全得靠自己的双手

珮嘉:

你好!

你来信说此次和妈妈旅行非常愉快,一路上豪华的酒店和服务让辛苦了大半辈子的妈妈难掩兴奋。你说,接下来的暑假也想带孩子们如此这般地走一趟欧洲,而这个计划,我觉得值得商榷。

早几年我们带孩子们出行,之所以没有强调"艰苦旅行",是因为孩子们还小,身体比较脆弱,而且她们的小脑袋里并没有形成"好歹"的概念。记得几年前妈妈带琳达去三亚,我给妈妈买了张头等舱的机票,琳达是经济舱。到了飞机上,妈妈就和乘务员说要把自己的头等舱饭和外孙女的经济舱饭交换。乘务员怕影响后舱旅客的情绪,却又理解老人家的心情,建议妈妈临时和琳达交换座位,等琳达吃了饭再换回来。可结果是,在接下来的时间里,琳达睡在姥姥的座位上一直到降落。我知道这个事后很生气,质问琳达:"你怎么坐了姥姥的位置,让姥姥坐经济舱呢？"琳达闪着天真的眼睛，无辜地反问我："这两个座位有什么不一样吗？"搞得我哭笑不得。

　　五年过去，情形已是大相径庭，孩子们的变化还是蛮大的。之所以不赞成你预订这么好的酒店，也是事出有因。这次安妮从悉尼回北京，一到家就说了很多抱怨坐经济舱如何受不了的话，孩子的这些"肺腑之言"给我敲了警钟。现在，琳达和安妮已经逐渐成熟，成了"小大人儿"，如若我们再这么优待她们下去，想必会对她们的思想产生负面的影响。

　　对于即将步入成年的孩子，我以为，对于他们身体的呵护要逐渐开始让位于对他们心智的培养了。我们要让他们及时明白，他们儿时那些舒适的生活只是父母赐予的，是暂时的，并非他们一生都能拥有。他们真正将要面对的，是生活给予的艰难，一个人的一生是苦是甜，全得靠自己的双手。

　　从蜜罐子里把孩子们捞出来，不论是对于孩子，还是对于我们这些做父母的，的确不是件容易的事，但这却是他们成长中必须要经历的，也是我们必须要割舍的部分。所以说，陪孩子们吃点苦头也是我们的责任。

　　听了我这些唠叨，不知你是否认为，我们的旅行预算该削减一部分呢？

　　再叙！

姐姐

小费的热度

这么多年，我对洋人的这个把戏心里一直耿耿于怀

珮嘉：

你好！

你来信说这次回国到饭店里吃饭，结账时你吃惊地发现账单上居然多收了 15% 的服务费，连同老友间也时兴起了无情的 AA 制；你感慨现在的中国已经西化得快让人认不出了。你问我对此有何看法，我们该如何引导孩子们理解东西方的这部分文化差异。我想了想，今天就先从你说的那个服务费，也就是洋人口中的"小费"说起吧。

说实话，我和小费这东西第一次接触，对它并无好感。十年前，我第一次去纽约，一到肯尼迪机场推了行李出来，刚刚遇到前来接机的周大哥，正在握手寒暄的当口，只见一人高马大的黑哥哥横在了我俩和前来接机的轿车之间。还没等我醒过味儿来，我的两个大行李箱就到了他怀里。我原以这是抢劫，才要大叫，周大哥忙笑着安慰我，他是挣小费的。这就是我对小费的第一印象。之后，每每到餐馆进餐，当在账单上填写

小费一栏时,总会泛起当年的那次"被小费"的感觉。这么多年,我对洋人的这个把戏心里一直耿耿于怀,直到这次在小镇下哈特小住,才使我对小费这个民俗不再反感。

在下哈特,我和琳达常去一家甜品店。在这家店,如果点咖啡,顾客便可以免费得到一块手工制作的巧克力。我们第一次去这家店并不知道这个政策,听到我们只是买两颗巧克力,接待我们的服务生小声说:"为什么不打两杯咖啡呢?这样,花同样的钱,你们不但可以得到两块巧克力,并可以尝尝我们特有的咖啡。"我看到他胸前的名牌上的字,他叫吉米。"这当然是个不错的主意。你真好,吉米,就按你说的点吧。"过了一会儿,吉米端来了咖啡和两块巧克力,离开时,吉米眨眨眼:"好好享用,这可是个秘密。"我自知,这并非是个秘密,但接受这样的服务,心里的确暖暖的,小费自然不会少给。如果你把这件事看作是吉米在贿赂我的话,我完全可以理解,因为当初我也是这么想的,但随着之后几次来这家店消费,我感觉"小费"的内涵和我们在国内菜单底部看到的那行又浅又小的"加收15%服务费"似乎不大一样。

那天下雨,来咖啡店的人不少,在我们邻桌是两个十一二岁的小兄妹,他们拿着菜单,一直在讨论店里推出的一款榛仁冰激凌。受他俩的传染,我和琳达也点了两杯榛仁冰激凌。五分钟过后,我望见吉米端着托盘向我们走来,托盘里是四杯冰激凌,但颜色却有不同,两杯粉色,两杯咖色。先是两杯咖色的放在了我们的桌上,然后是两杯粉色放到了隔壁小兄妹的桌上。我纳闷儿这是怎么回事,刚才明明听到他们是要点榛仁冰激凌的。好奇心驱使,我边吃冰激凌边开始偷听这兄妹两人的对话。妹妹说："Ben，如果我们少给吉米些小费，我们的钱就够买榛仁冰激凌了。"哥哥说："那怎么可以呢，吉米对我们总是那么友善，我们不能少给他小费。我们明天再吃那款冰激凌吧。"妹妹说："明天说不定就没有了。"之后，我再没有听到他俩讲话，他们各自闷闷地吃自己的冰激凌，好像妹妹的预言一定会发生似的。

这两个孩子在我们前面付账。付账时，哥哥问吉米明天是否还会有榛仁冰激凌，吉米答："明天、后天都会有，不过建议你们后天来，会有折扣。"兄妹俩听了这个话，开心地对视了一下。

这个皆大欢喜的结局让在一边"看戏"的我感到了丝丝温暖。兄妹俩和吉米彼此为对方着想的一幕的确有点感人。这样的温情源于小费，却又不止步于小费。

由此可见，对于西方的东西，由于接触的时间短，所以我们理解上就往往会比较表面化。就拿上面说的小费来讲，"钱情交易"这东西也并非我开始所理解的那样完全冰冷。小兄妹宁可放弃心仪的美味而不负他人善待之意，我想，这才是我们该指给孩子们看的西洋景吧。

再叙！

姐姐

圆周率与古诗文

"中国的莎士比亚是谁?"

珮嘉:

你好!

来信说你想让安妮参加一个背诵圆周率的竞赛,想向琳达取经。你若不说,我都快忘记了,琳达背圆周率那年大概是她四五岁的时候,那只是琳达为了在同伴们面前逞强的一个游戏而已,今天你要当个正事让安妮去下功夫干,我觉得这事实在不妥。

从吉尼斯世界纪录的名目上不难看出,洋人确实喜欢搞些稀奇古怪的竞赛,而那些东西,也仅仅是游戏,在我看来,无关痛痒,不值得我们这般认真。如果安妮的记忆力好,我觉得你不如把这个优势好好筹划一下,将精力放在那些更值得做的事情上去。比如说想办法引导孩子多背些唐诗宋词、经史子集一类的古文。

你可能会说:"那些东西孩子很难理解,这和背圆周率又有什么区别呢?"你问得不错,背古书和背圆周率,从难度上讲,这两者间确实没有太大区别，但从对孩子们人生的影响上，却有很大不同。我之所以建议安妮学习中国古典文化，并不是随意指路给你的。

对于小学四年级就离开中国的安妮，中国文化是她的弱项，这对她将来真正在国外立足也会是个非常大的障碍。广州话里管在海外出生长大，但中国文化根基薄弱的华人小孩叫"竹升仔"，意即空心且两头不通。记得安妮曾问我："姨妈，中国有没有莎士比亚？"我说："你怎么想起问这个？"安妮说这是Philip老师在讲莎士比亚课时问她的。原话是："中国的莎士比亚是谁？"我告诉安妮可以说说汤显祖，安妮不好意思地问："谁是汤显祖？"这就是我给你建议的由来。

从西方课堂对莎士比亚、古希腊、古罗马诸多文明如数家珍的情形看，洋人从小学到中学直至大学，一直都揪着他们的古典文化不放松，可见他们对文化根基的重视程度。反观安妮的境况，对于西方文化半路出家自不必说，连自己老祖宗的文化略知一二的水平都没有，她用什么和世界融入呢？这就如同在一场高朋满座的盛宴中，没有人喜欢和一位别无长物的客人搭话是一个道理。

不错，中国文化中的诗词歌赋、宗教哲学，要让现在只有十二岁的安妮理解的确是难了，但以我的经验看，暂时不明白并不碍事。趁着孩子们在记忆力最好的黄金期，把这些经典的东西先印在他们的脑袋里，他们不是有一辈子的时间去理解吗？

说到背圆周率这个事，你倒也不必一棍子打死，我这里有一点心得与你分享。我发现琳达背诵圆周率这件事还是她小伙伴的妈妈告诉我的：那个妈妈说，幼儿园的小朋友都特别崇拜琳达的这个绝活。虽然我不愿意琳达在这件事上浪费时间，但也没有棒喝她，而是在她生日，也是 Pi day 那天，用一个美味的苹果派打开了她的眼界：由此，她开始热衷于了解祖冲之，着迷于旧金山的国际数学节，并挖出了 MIT 的录取日、爱因斯坦的生日都是 3 月 14 日……后来，我在她的作文里还看到她引用过那句 π 迷们崇尚的名言："对 π 值的疯狂追问，体现了人类对于终极真相的无限渴望。"得到这样的结果，我真是很感谢那个 π 的指引和恩赐。

　　再叙！

姐姐

为什么油瓶子倒了却不扶？

"责任心"似乎就像条滑溜的泥鳅

珮嘉：

你好！

你来信说，这次带着两个孩子旅行虽然很开心，但在与孩子们共处一周的时间里，突然发现了孩子们身上存在的大问题："严重缺乏责任心，可称得上'油瓶子倒了都不扶'。真是很难想象她们将如何面对未来的生活！"

我很是理解你大大的惊叹号中包含的恨和忧，也很支持你打算把这事作为"本月整顿的重点"，"搞集中治理"。看到你发来的落实到人的"每周值日表"，真是佩服你的雷厉风行。

今天和琳达通了电话，向小家伙问起对这次"整风运动"的感觉。琳达天真地说："姨妈不知怎么了，这几天很生气，好像变了一个人。她批评我们缺乏责任心，所以就把她平时干的活都分给我和妹妹了。"接过琳达递给我的这个带着天真味道的问号，真不知该怎么"恨"这些孩子了。

说起孩子们缺乏责任心这件事，我感同身受，琳达在北京时，一见到她杂乱无章的桌面和书柜里横七竖八的书，我也是非常恼火，几次沟通，虽能达成共识，起色也有些，但不知怎的，令人满意的状态总是维持不了太长的时间，"责任心"似乎就像条滑溜的泥鳅，攥得住一时，攥不住永久，真是无奈。今天，偶然想起心理学家荣格对于人的"个人无意识"理论的一段阐述，突然茅塞顿开。

从心理学角度讲，你我所倡导的孩子要有责任心，是我们对孩子们的心理有意识的引导。可是你知道吗？她们幼小的内心世界里，却是另外一番景致。她们的真实想法是：家务劳动应当是父母的职责，自从我们记事起就是这样。

孩子们的这个状态，在心理学上就叫作"个人无意识"，个人无意识来自于人根深蒂固的记忆：琳达和安妮从小到大，都是被我们精心呵护的，所以，她们的这种个人无意识应当不难理解。

按照荣格的理论推论，孩子们的价值观是他们内在的"个人无意识"和外部的输入信息共同作用的产物。换句话说，支配孩子们大脑的是他们在儿时形成的固有思维和我们现在所给予他们价值观的动态组合。之所以说"动态组合"，是因为这两股势力不是静态的，而是总在不断地争夺着各自的地盘儿。如果了解了这层意思，也就很好理解，为什么我们一给孩子们整风，孩子们就会乖几天，因为这个时候，正是我们那个叫"责任心"的势力在争斗中占了上风的时候。值得注意的是，这会儿，"无责任心"的个人无意识仅仅是避避风头而已，并没有被消灭。它之所以不会被消灭，是因为它是孩子们大脑中内在的、根深蒂固的记忆。

懂得这个道理后，问题的解决似乎就有了曙光。明眼人马上会意识到，问题一定是出现在那个根深蒂固的记忆上。解铃还须系铃人，所以，我们不免追问，是谁将那个叫作"无责任心"的个人无意识植入孩子们的大脑的？

孩子们缺乏责任心的问题看上去是孩子自身的问题，而事实上，这却是家庭对于孩子们长期所持态度的一种反应。若不是十几年来，我们给她们的是饭来张口、衣来伸手的生活，何至于有今日她们如此天真地问我们："怎么今天突然让我擦桌子扫地了？我记得这些活儿不都是爸爸妈妈的吗？"

仔细想想，这些年来，包办琳达和安妮饮食起居的，难道不正是兼具父母和保姆身份的你我吗？所以，依我说，要根治孩子们"没有责任心"的问题，整风首先要从我们这些做父母的开始，而不只是简单地扔给孩儿们一张"每周值日表"。

再叙！

姐姐

"走街串巷"的学习方法

丰子恺曾说过:"世界是自然与人的对峙。"

珮嘉:

你好!

琳达在悉尼的生活已经步入正轨,这让我很放心。周末她来信说,正在写一篇文学老师布置的小作文,题目是《这里是悉尼》,要求是不可从网上摘抄,得走街串巷。我记得,安妮在华盛顿上学的时候,老师也留过类似的作业。由此便可窥探出洋人在教育上的一点路数来。

用自己的眼睛观察,用自己的头脑思考,这是我对西方教育思想的感受。这种感受,不但来自于琳达和安妮的两位老师如出一辙的作业,最近,当我读过美国人海斯勒所写的《江城》一书后,这样的感受更加强烈。

海斯勒,一个不懂中文的外国人,在中国偏远的小城涪陵生活的两年间,不但熟知那里吃喝拉撒的所在,对涪陵的地形、地貌、历史、风俗的了解,从他的文字看,无疑是超过了相当一部分在那里土生土长的当地人的。这和"当局者迷,旁观者清"不是一个概念,因为海斯勒所知晓的很多事情,其实都是很容易看到的,比如,他能很正确地按顺序讲出春夏秋冬涪陵土地上相继生长的作物;他还记录了一个出租车司机在十五分钟内按喇叭的次数……不知怎的,这个事实不免让我感到些不安。一个外国人竟然仅用了两年的时间,就如此尽知了一个连我们本国人都不甚了解的小县城,并由此推断出大部分中国人的思维方式和内心世界,而且相当逼真。海斯勒的文字,看上去像是惟妙惟肖的漫画,会心一笑会贯穿于阅读的始末,但透过文字中间流淌的丝丝幽默,你又会觉出太多的酸涩,毕竟,他讽刺的对象是我们中国人。

海斯勒,一个年轻的美国人,对于中国现象能如此深刻地体察,他的勤奋和聪慧不能不令人称道。海斯勒当时只是一个刚刚毕业的普通大学生,而之所以做出如此不普通的事情,和他的经历不无关联。从普林斯顿和牛津毕业后,海斯勒曾自助游历欧洲三十国,从布拉格出发,由水陆两路横越俄国、中国到泰国。跑完半个地球后,他的脚步终于停在了涪陵,中国一个偏远而贫困的小地方。

在我的见闻中,像海斯勒这样的西方人真是太多了,而出现这个现象,并非偶然。早几年我在新西兰的时候,曾由当地人陪同,到一些看上去很荒野的地方徒步。令我惊讶的是,路上会经常遇到一些洋人,他们或是拉家带口地在深山里安营扎寨,或是老师拖着一队学生参加考古旅行。当时我脑子里冒出的想法是:这洋人好日子真是过腻了,怎么总把孩子们往这种地方带?还有,做题不踏踏实实去教室,非得让孩子们趴在这晃晃悠悠的破桥上,又算又量的,有这个必要吗?有一次,我还看见一帮孩子从一座很高的铁索桥上往下扔小球,他们似乎是要通过秒表,测出小球的落水时间,从而计算桥的高度,我老远看着他们站在并不很密实的桥板上晃悠都眼晕,心想,多悬呐!

现在想起这些往事来,与今天海斯勒的《江城》放到一起,似乎找到了里面的一些逻辑关系。丰子恺曾说过:"世界是自然与人的对峙。"对于中国宝贝们的家长而言,这话所描述的场景似乎离我们的生活已经很远,因为我们坚信,如今的物质条件足以使孩子们远离恶劣的自然环境。而事实真的是这样吗?现代化的科技,难道真的不需要让这些新人类,再次面临自然曾给予我们祖先的种种挑战吗?西方的教育方式,似乎对此观点并不认同。那么将来,和我们中国孩子对峙的将又会是什么呢?我想,你应当懂得。

再叙!

姐姐

从两小儿辩论说起

可以抓住一个问题去思考,决不可抱定一个观点去坚持

珮嘉:

你好!

上周,安妮给我打电话说,她为了捍卫"人之初,性本善"这个观点,在 Susan 老师的文学课上,和她的好朋友 Carol 红脸了。Carol 搬出了《圣经》上的故事和她争论了起来。也不知道,安妮是不是和你讲了这一幕呢?

"人之初,性本善",这是典型的中国哲学对于人类本性的假设,和西方人对于人性的看法是很不同的。这样看来,小家伙儿已经开始直面来自西方文化的冲击了。而我相信,随着安妮长大,将来类似的事情还会不断发生的。

对于人本性的辨别,是人类动用诸多智慧,已经追问了千年的事情。各个地域的民族,对此都有自己的一套理论,显然不是两小儿能决断得了的问题。但我觉得,这却是一个很棒的角度,这样的经历,会促使安妮更深入地思考和更广泛地阅读。

我们给孩子们提供帮助，我想，我们的重点不应放在追求结论上，而应当把眼睛聚焦于讨论问题的过程。比如，通过讨论人性的本质，我们可以借此让安妮了解一些西方人看问题的角度和方法。比如：首先，西方人为什么不认同"人之初，性本善"？他们对人性看法的思想源头到底在哪儿？其次，对于人性中贪婪、软弱等这些负面的品质，西方人一系列的社会制度是怎么应对的？当然，只要你这位妈妈肯诚心地帮助孩子，由此而引出的问题会层出不穷。问题的数量，估计会多到足以让一位社会学教授或是更多学科的教授们加入你们的讨论。

此外，我还想到，这件事不但能促使安妮深入了解西方的历史和宗教，同时也是促进安妮学习中国文化的好机会。安妮的这个问题，让我想起柏杨先生在《中国人史纲》一书中，曾有一段对中国人爱好和平原因的阐述。大意是：中国人保守、本分的性格与我们几千年的农耕文化不无关联。书中诸多对中国人人性的探讨，我感觉与"人之初，性本善"的理论应当是同宗的。当然，就安妮现在而言，读这样的大部头为时尚早，但帮助孩子多推开一扇窗又有何妨？这样的导读，对于孩子今后的学业乃至人生观的建立，我以为应当是个很好的启蒙。

从我以往的经历看，在对世界的认知上，更多的是理解不同，而非证明正确。在这里，我们不妨借用一下俄国诗人曼德尔施塔姆的折扇理论：如果将一把打开的折扇比喻成灿烂的人类文明的话，那么每个扇折则代表的是一个地域的文化。而各种文化间的距离，就如同扇折间的距离一样，有的很近，有的却相隔甚远，但这个现实并不妨碍各种文化的共处，人类文明的进步，则是各种文化共同推进的结果。

今天就写到这里吧。还是我常和你说的那话：在孩子们争论问题时，我们应当不断地提醒他们，可以抓住一个问题去思考，决不可抱定一个观点去坚持，要有多角度思考问题的意识。

再叙！

姐姐

选校如同相亲

Kevin兴高采烈地告诉我，他要去牛津读博士了！

珮嘉：

你好！

来信说，你们已经顺利搬家了，安妮的转学也有了眉目，现在已经拿到了三所高中的录取通知了。你主张按排名选校，可安妮喜欢的恰不是三所学校中排名最高的。你让我和安妮谈谈，让她知道一所好的高中对于将来升大学是多么重要。我会及时和她沟通的，不过，我也想给你说说我的一点想法，这想法是基于我的所见。

五年前，当得知Kevin最终决定放弃牛津大学的offer，转而接受爱丁堡大学的录取时，我很是吃惊。我问他为什么会这样选，Kevin答："这两所学校我都去过，我感觉爱丁堡更适合我，我爱那里，在那里学习我会感到放松。"对此，我更是不能理解了。心想，这外国人的脑子是不是进水了，什么爱不爱的，难道被我们中国人奉若指南的世界大学排名，对他们毫无意义吗？直到今年，我再次遇到Kevin，我的心方才释然。

Kevin兴高采烈地告诉我，他要去牛津读博士了！我除了向他祝贺外，当然要问他"为什么选择牛津"了。你猜Kevin怎么说，仍是"适合"！这太不可思议了！

他似乎看出了我的不解，不等我问他"对当年没有选择牛津读本科是不是感到遗憾"，他就冲我解释开了。他说，他并没有后悔当年的选择，在爱丁堡大学的四年很是享受，是爱丁堡的教育点燃了他继续求学的欲望，没有爱丁堡的经历，就没有他的今天。然而，与此形成相反结局的例子，同样发生在我的身边。

石光，你还记得吧，两年前获得了优异的高考成绩，本可以去清华大学的，可他同时也收到了美国一所很有名的大学的录取通知书。因为石光一直是在国内接受教育的，当时，十七岁的他对留学并没有十足的兴趣和把握，但为了不让父母希望他留学的愿望落空，最终，石光还是选择了赴美。按说，中国的学霸到了美国，一般情况都还不错，可偏就是这孩子转不过弯来。大量的阅读、写作以及各种课堂讨论，是他在国内的学校里很少经历的，加上之前对此又一无所知，所以毫无准备。成绩下滑不说，学习的兴趣和自信心也都没了。就这样，原本好端端的一个孩子，现在却面临着被学校劝退的局面。

看了上面两个例子，我想你应当能体会到我想说什么了。被名校录取固然是件好事，但是，如何选择，的确要问孩子们自己。拿到名校offer的欢愉毕竟是个瞬间，孩子们真正要面对的则是未来的数年时光。这就如同相亲，对方的门第和才貌固然重要，但成家以后，夫妻能否维持幸福的生活，光有这两样却是不够的。

　　所以，安妮的择校，我想着还是应当本着问心而动、量力而行的思路才好。

　　再叙！

姐姐

放学路上买只鸡

担子撂在孩子们的肩上,他们自然会担起一些责任

珮嘉:

你好!

这两天正好是国内高考填报志愿的时间,家里总是来人,所以没腾出手给你回信。你来信说,安妮目前已经可以分担一部分家务事了,这真是个可喜的进步。我正纳闷你是怎么做到的,正巧,小家伙刚才打来电话,我便顺手向她打听了一番你的良方。

说起帮你打理家务事这个话题,安妮十分开心。她在电话里告诉我:"昨天我妈居然让我下学时到唐人街的菜市场买只鸡带回家!"听了这话,我觉得太好笑了:到唐人街那种地方买鸡可不比超市,不但要凭一副好眼神儿挑新鲜的,还要和店员沟通怎么分割鸡肉,以及内脏、鸡蛋怎么处理,麻烦的事儿还真不少呢。不要说安妮自己会吃惊,你我不也是很难想象这样的场景吗?一个热衷于Rihanna的青春少女,竟然穿梭于中老年妇人云集的菜场。安妮告诉我,开始她觉得你让她买鸡的要

求太不可思议了，可后来，当她真这么做了以后，又觉得这太有趣了。由此她也知道每日香喷喷的饭食是如何到了家中餐桌上的。过后想想，安妮现在也十五岁了，这样的家务，当年，还是幼童的你我早已经能够承担了。此时，孩子们有了买只鸡的能力是再普通不过的事情了，哪里值得我们这般大惊小怪的。我至今还记得在八九岁时，自己拿着网兜独自去副食店打酱油、买鸡蛋的情景。记得鸡蛋在出售时，是要售货员一个在灯底下照照的。

　　我们总抱怨孩子们对于家庭缺少责任心，其实根子上还是没有把他们这个年龄可以承担的担子放在他们的肩上。这不，上午刚刚来访的一家三口，两个老的拿着高考志愿表和我们咨询填报志愿诸事，孩子却倚在沙发里鼓捣手机，那样子似乎不是这位学生大人要上大学，倒像是他的爹妈要上大学似的。想想这两日的几拨来访者，基本上都是这样的状态，我和你姐夫心里摇头，嘴上也不好多说什么。今天听到你让孩子放学买鸡这事，我真为你的创意拍手叫好。担子撂在孩子们的肩上，他们自然会担起一些责任。

　　再叙！

姐姐

我们都是一伙儿的

一个身材魁梧的机场保安忽然站到我的眼前

珮嘉：

你好！

昨天和你在伦敦希思罗机场分手后，一切都很顺，可到了巴黎戴高乐机场却很头疼，排队过关的人太多了，好在排在我前面的是两个可爱的上海女孩儿，这让时间显得不那么难熬。细细观察，这俩不但自己很守规矩，还能不时地听到她们聊起中国人在国外旅游时的很多不当做法，诸如随手丢垃圾、攀爬古迹、乘扶梯不靠边站什么的。

过关的队伍移动得实在太慢，大家都觉得无聊。正当我有点迷糊的时候，一个身材魁梧的机场保安忽然站到我的眼前，一下把我吓醒了。原来是我前面的两个女孩子不断地讲话和用手机照相，破了海关的规矩，这保安误把我当成了两位的监护人，想一勺烩。事实澄清之后，倒也无大碍，只是两个女孩子很是扫兴，之后，当然再也听不到她俩提及国人不懂西方人规矩的话题了。

很多时候，我们的同胞对西方人待人接物的认同度可称得上是五体投地，看洋人的做派哪里都顺眼，读洋人的规矩哪里都觉得合理，而看自己的同胞哪都不对劲儿，有时甚至以帮着洋人指责国人来显示自己的文明水准。而从我个人的经历感觉，一国国民的素养取决于同一种文化土壤，大家从根本上讲并无本质的区别。若是彼此指摘，在西方人眼里，不过是五十步笑百步而已。上面的事情就很能说明问题。那两个姑娘本以为自己是符合西方文明标准的中国人，而被海关数落一番之后，却又被归到了不懂规矩的中国人之列。

年过七旬的老妈也会常提到当年居住在美国的一些感受。每每清晨在街上遛早，若是迎面遇到晨练的洋人，基本都会彼此以一句"早晨好"相待，而几次遇到面容似国人的男女，往往却总是会热脸贴上人家的冷屁股。当时我还不信，后来经过多次实践，果然，在国外，真有那么点自家人不认自家人的感受。这周，听《锵锵三人行》的主持人说起国人的一些做派有些像没长大的孩子，嫌弃的语气当然比柏杨那部《丑陋的中国人》要隐晦许多，但也不难感觉到其中的排斥。可见，中国人这种自己嫌弃自己同胞的品性是随处可见的。这种现象当然可以从积极的方面去想，叫"恨铁不成钢"，可我却更想从另一个角度和你讲讲我的想法。俗话说，子不嫌母丑，狗不嫌家贫。我们的同胞由于物质条件所限或是自律欠缺，在生活中的确会表现出笨拙、随便甚至不懂礼貌的诸多情况，但无论怎样，在洋人眼里，我们都是一伙儿的。

不知你还记得《红楼梦》中那个刘姥姥吗？为了取悦荣国府的奶奶们，这个乡下老太没少当着众人的面用大巴掌教训不懂规矩的外孙子板儿。可结果是，谁又会因为那些落在板儿身上的大巴掌而多给刘姥姥一分尊敬呢？

  我们常对孩子们说，受人尊重的前提是自重。可对于自重的理解，我们的教育往往仅止步于对自身修养的要求，而忽略其中的另一个含义，那就是对自己的同胞的一份关照。

  再叙！

姐姐

千金难买此时此刻

小孩子吃冰激凌是精神生活,这个你妈她不懂

珮嘉:

你好!

来信说安妮陪着姥姥去波托马克河游览,这俩竟然花了三十美元照了一张照片!乍一听,我也挺心疼的。现在手机那么方便,像素也高,这一老一小怎么就非得稀罕那张照片呢?今天,我接到妈妈打来的越洋电话,她是那么开心地在讲和安妮一起坐游船照相的过程,一点儿都没有可惜那三十美元的意思。我问她:"妈,你平时那么节省,怎么这次不嫌贵了?"

"难得和我外孙女团聚,这样的机会是千金难买的。"

撂下电话,妈妈这话不但久久留在我的脑子里,还让我回想起了十年前的一件往事。

那是一个夏天,我和你姐夫陪爸妈去杭州玩。晚上,爸妈在房间休息,我俩去西湖边乘凉,路上,瞧见迎面走来个小姑娘,手里捧着玫瑰花叫卖。见到我们,小姑娘立刻从花束中抽出一枝玫瑰送到了我面前,冲着你姐夫说:"先生,买一枝玫瑰

花送给您的情人吧！"听到这话，我俩都笑了，那笑仿佛在告诉那个小姑娘："你这孩子的眼睛也太拙了，哪来的什么情人？我们可是老夫老妻呀！"瞬间，小姑娘在我的摆手和你姐夫歉意的一句"谢谢！不要"之后，就消失在暮色中了，不过依稀还会听到她向西湖边的人们兜售玫瑰的叫卖声："先生，买一枝玫瑰花送给您的情人吧……"

当我们回到酒店后，见到在酒店休息的妈妈，她边接过我给她带回的莲蓬边说："我还以为你们会很晚才回来呢。""为什么？"我问。妈妈吃惊地抬眼看着我俩："今天不是你们结婚十周年的纪念日吗？"听到这话，我和你姐夫都愣了，我们竟然都把这事给忘了。看到我们的神情，妈妈担心地问："你们这是怎么了？"

看到妈妈慌张的样子，我这才醒了过来："妈，你信不信，刚才我们在街上遇到小天使了，还拿着玫瑰花向我们招呼呢！"妈妈必是不信："怎么可能？""千真万确。"我虽然是在答妈妈的话，可眼睛却在瞪着你姐夫。

回到我们的房间，没等你姐夫开口，我就先抢了话头："我就知道你想说'刚才说不要的可不是我一个人啊'！"我本以为他会赶快赔个不是，没想到，这家伙却毫无歉意："我这可的确是在坚决贯彻你一向主张的方针政策啊。想当年，咱们刚结婚的时候，我在情人节那天花了三十八块钱买了枝玫瑰回家，你不是说，以后再买这么贵的花儿，就让我和玫瑰过日子去吗？"听了这话，我这气也生不成了。我不能不承认自己的确说过这样的话，而且，十年间，类似的话说过几十次不止。

一阵长时间的沉默之后，我们都不约而同地笑了——能得到"天使"的点拨，这样的机会并不是谁都能有的。一直不能确信是否有上帝的我，这次似乎也有点儿感觉到他老人家的存在了。

今天，陪爸爸逛王府井书店，他拿起一本讲三星堆文化的书，看了一眼，随即又放下了。我问他干吗拿起来又放回去，他说："你不是说在网上买便宜吗？"听了爸爸的话，我真是差点儿笑哭了："爸，这毛病我一定得改，这书咱今天必须得带回家去。"结了账，看着爸爸美滋滋地背着书，我的心里也像喝了蜜样的甜。那一刻，我忽然想起小时候，在炎热的夏天，爸爸经常瞒着妈妈给我买冰激凌的事。以妈妈的逻辑，回家喝白开水对身体最好。每当这个时候，爸爸都振振有词："小孩子吃冰激凌是精神生活，这个你妈她不懂。"

这么多故事说给你，也许你一时不能完全理解，但如果有一日，你到了能感知岁月匆匆的年纪，我想，你一定会有共鸣的。

再叙！

姐姐

何为乡愁？

人间乡愁并非源于与某地辞别，而是因为要和一段生活分手

珮嘉：

你好！

来信说你们又要搬家了，安妮这几日闷闷不乐，说是对悉尼很是不舍，并问你，这样的感觉是不是叫作"乡愁"。你觉得安妮的问话极其可笑：自己一个中国人，怎么会对人家的国家产生乡愁，这是哪和哪啊！

这个事放在前几年，我和你的想法也是一样的，只不过是在人家住了些日子而已，哪就"他乡亦故乡"地伤感起来了。但自从今夏回了趟老家，我对乡愁的理解却又有了很大的不同。

把妈妈送上了去洛杉矶的飞机，6月底便陪爸爸登上南下的列车。爸爸此行与过往不同，已是没有了双亲可去孝敬。我生怕他忧思再起，竭力邀他和我一同住到酒店，他却执意不肯，固执地留宿在了姑姑家，但又偶尔会去我的住处，透过飘窗，从三十多层的高楼上给我指点周遭，告诉我多少年前哪里是家，他的母亲曾在哪里挖渠种地。爸爸语气中并无伤感，却

让我越发觉得心酸：想当初，临近拆迁之际，远隔重洋的他为老屋的一声叹息仍恍然如昨。真不知那伤口他是如何舔舐的。

在家乡的十天，我陪着爸爸沿着他儿时的旧迹默默寻访。乘车所经之路无不宽敞畅通，大路两旁时而是林立的高楼，时而是一望无际的种植大棚，修建中的地铁大门已经挂上了崭新的牌匾。同行的叔叔难掩兴奋，边开车边不停地做各种介绍。我偷看爸爸，他倒也欢喜。是啊，爸爸幼时生活艰辛，农村的苦头他是吃尽了的，如今看到家乡变得这么好，哪里有理由不由衷赞美呢？我坐在一旁扪心自问，自己总是反感农村城镇化，未免其中藏有私心。我也见过不少站着说话不嫌腰疼的城市人，便捷的生活过腻了，非说农村的生活比城市好，此时，我甚至怀疑自己也是其中之一。看爸爸高兴，我也开心，不禁跟着叔叔的话附和："爸，看这马路中间的隔离带真是阔绰，花草错落有致，真是没得说，北京的马路不知差这里多少呢。"原是等着爸爸共鸣的，不料他却突然生气地冒出了一句："我看不出这有什么用，华而不实，纯粹浪费，不如种上粮食。"

爸爸冷冰冰的搭话表面上噎的是我，实际上最难看的却是一直都兴高采烈的叔叔。转天，在我住的酒店下面散步时我问爸爸："干吗那天说起路边的花草发那么大火儿？多让叔叔下不来台呀。"爸爸指着眼前的花儿叹道："这花儿再美，也是有限的光景，没了钱往里搭，马上就会蔫头耷脑，农村哪有闲钱搞这些华而不实的名堂啊。粮食可不一样，有农民日日守着，和农民相依为命，生生不息，多会儿也灭不了。"爸爸这一番话让我想起叔叔，已经从农村户口转到城市的这些人，现在是有了房子却没了地，不正像是那路边的花草吗？

十天后，我先爸爸一步回京，可巧，火车车厢里只有我一人。黄昏，途经如皋市时，我望见了窗外绿油油的稻田，其间有零星的农舍坐落其中，袅袅炊烟在晚霞中飘散，这眼前的一切正是我童年记忆中的家乡。看着看着，竟然潸然泪下。说来奇怪，这如皋并不是我的老家，因此，这乡愁因何而起实在令我费解。还有当年作别华盛顿、惠灵顿，仅仅是短暂的数月小住，都会使我依依不舍。现在想来，人间乡愁并非源于与某地辞别，而是因为要和一段生活分手。

如若你能理解我上面的这段描述，我想你也就不难理解安妮对"他乡"那种不舍的感觉了。

再叙！

姐姐

关于安妮的"华尔街生活"

由此可见，为理想而战，动力无穷

珮嘉：

你好！

来信说，这一段时间你们全家正在和安妮一起讨论将来大学报考专业的事情，你们主张以自身擅长的领域为导向，而安妮却是满脑子她并不了解的"华尔街生活"。这样看来，好像你们和孩子的分歧很大，几乎是到了谈崩的地步。

现在，孩子还那么小，很多事情她并不大看得清楚，这是可以理解的，但我想，问题的关键不是结论，而是如何和孩子交流。

安妮本身擅长艺术，并不知将来金融专业对于数学等学科的要求，正所谓"初生牛犊不怕虎"，牛犊不怕虎是因为不知老虎的厉害。要我说，你这场谈话太好进行了，只要是把几个大学的招生简章找来，你们给解释解释将来即将开设的专业课，不要多说什么，安妮自然会掂量出轻重的。我这里有一个现实的例子，不妨找机会也给安妮讲讲。

我同事的儿子德智，由于各科成绩优异，六年前，被好几所美国排名前三十位的院校录取。从初中到高中，一直以来，德智对物理的兴趣是最浓厚的，可在选择专业的问题上，父母出于对孩子将来职业选择的考虑，促使孩子选择了会计专业。可进入专业学习后，德智才发现，自己并没有长着一个会计的脑袋，加上美国大学的要求也很苛刻，德智即使非常用功，仍没有能够拿到学位，现在已经是第七个年头了，前景仍没有好转，搞得孩子苦不堪言。由此看来，"人贵有自知之明"这句话并非只是用来自谦的。

此外，我并不认为安妮想学习金融专业仅仅是因为像你说的那样，只是想过那种"时髦"的生活。如果你对孩子满脑子是这样的揣度，那么我相信，你和孩子之间的交流一定要终止无疑了。在这方面我是有亲身体会的。

琳达上中学时，她在文学方面的才华在同龄人中应当是公认的，而在申请大学选择专业方向时，她却报考了生物医药方向，动力无非是出于"向往"。现在一年下来，她自嘲累得像条狗，但我看她却像是一只开心的小狗。由此可见，为理想而战，动力无穷。虽然中间也听到她"没有金刚钻别揽瓷器活"的呻吟声，但她那股子煎熬却快乐的情绪真是令我们钦佩不已。这个世界之所以异彩纷呈，靠的不正是孩子们这股子突破自己的勇气和毅力吗？

教育的本质是什么？不就是让孩子们在学习知识的过程中发现自己的未来吗？而我们也可以从我们各自的成长经历来想想，这个发现者会是父母吗？不错，父母的经验是宝贵的，意见也是有价值的,但却不一定是适合孩子的未来。虽然这个现实一时很难被你这个年轻妈妈所接受,但时间会告诉我们,这是个必然的规律。

再叙!

姐姐

鸡毛掸子的"善意"

教育是一个缓慢而优雅的过程

珮嘉：

你好！

来信说周末带安妮去图书馆时，看到好多洋人带着孩子排队借书，每个人都是一大兜子，足有十几本。你说，这洋人读书的民风，若不是亲眼所见，真是难以相信。比起人家孩子一周要读十几本书的阵势，中国孩子的阅读量，少得简直让人绝望。

你说的这场景，我前几年在悉尼和奥克兰的图书馆都见识过。当时我也是吃惊不小，本以为西方人对年幼的小孩子都是放任不管的，后来才看出来，原来，在孩子们肩上空空的书包、放学之后的疯跑之外，还有周末玩命读课外书这手呢。

你随信寄来的替安妮拉的书单，我看了，真可谓古今中外、文史百科，无所不包。我想，安妮若是吃下你这副"方子"，非大补到将来看见书就反胃的地步了。你也真是，到了图书馆，看见人家洋人排队借书就知道发慌，其实，你该做的倒是应伸长了脖子仔细瞧瞧，那些和安妮年龄相仿的孩子借的都是些什么书，那才是关键呢。

记得前年，一日，我陪安妮到学校附近的图书馆看书。那是我第一次去国外的图书馆，和你一样，我也是看到了好多家长给自己家的小不点往口袋里装书，有的足足装到二十本。我好奇地问安妮，这么小的洋娃娃怎么可能读这么多书呢？安妮说，不多呀，外国书看着大，其实很薄的，字也大，要是书有趣，一会儿就能看完一本。她的同学一周有时要借两次呢！

这样看来，安妮本不是个抵触看书的孩子，问题的关键还是要选对书。不单单是选那些你认为有用的书，还要兼顾孩子的兴趣和承受力。

记得我曾经一度想让琳达接触老舍先生的作品，我最喜欢老舍先生的《四世同堂》，可是对于一个十岁的孩子，怎么可能理解得了旧中国的那些苦难事呢？不喜欢看当然是可以理解的了。后来在翻老舍先生全集时发现，《牛天赐传》讲的内容非常适合十岁的琳达。后来，琳达果然看得如醉如痴，有时看到有意思的地方，还捧着书跑到我身边一边笑，一边读给我听。六年过去，今天，你看到了？琳达已经成了不折不扣的"老舍迷"了。可能你又会嚷嚷：这时间也太长了吧！不错，这个例子正是印证了四中的校长刘长铭先生曾讲过的："教育是一个缓慢而优雅的过程。"不仅如此，在这句话的前面，也就是在给琳达写的那本小书的序言中，他还讲："教育是师生相处的一段时光。"在我看来，这句话倒是很值得你我玩味的——

我们身为孩子的母亲，其实也可算得是孩子的老师，但在我们的脑子里，老师，一向不就是指点迷津、发号施令的代名词吗？"相处"这个词所暗含的平等交流之意，早就被你我抛到九霄云外去了，或许我们这些妈妈根本就没有想过要和眼前这个不谙世事的小屁孩儿"相处"。可你知道吗，我还真就想过，当然，那是在四十年前，幼小的我琢磨着：若是能和妈妈一样高的话，她一定就不会用鸡毛掸子吓唬我，逼我念那些她也不喜念的"三下五除二"了。

"己所不欲勿施于人"，你不妨以这句话作为衡量标准，重新审视一遍你刚刚为安妮所列的书单，书单中诸如像《资治通鉴》《天演论》《美洲史》一类的读物，虽然很精到，要我看，不要说对于一个从小没有那么多阅读经历做铺垫的安妮，换了你，你又能有多少兴致读下这些"很有用"的名著呢？

再叙！

姐姐

关于阿喀琉斯的脚后跟儿

看到安妮急赤白脸地维护老师名誉的样子,我心里直暗暗发笑

姐姐:

昨天晚上,我看了安妮的一篇读书笔记,是关于《荷马史诗》中《伊利亚特》里一位英雄人物阿喀琉斯(Achilles)和特洛伊城首领 Hector 之间的恩怨故事的。中间还有阿喀琉斯的妈妈——海中女神 Thetis 的一些事。关于《荷马史诗》,我只知道关于"脚后跟儿"的故事。那个故事说的是阿喀琉斯的妈妈不愿意儿子在老家窝着,让他出去打仗。这个妈妈想了很多办法装备儿子,传说她还拎着儿子的脚后儿跟在圣河里泡,使他周身刀箭不入。唯有脚后跟儿由于没有浸到河水里,而成为他唯一致命之处。这也就是"阿喀琉斯之踵"的来历,也就是后人形容一个人有"致命弱点"时常用的一个典故。说实在的,希腊神话真挺难理解的,一点点小事反复讲,关系复杂,咱们外国人搞不懂很正常,就像西方人看《红楼梦》。我真是为安妮捏把汗,不过,后来看了她发回的作业本后,心里又释然了。

在安妮的文章上没有找到老师给的分数,边上却满是同学

的评语，非常工整的圆体手写字。我问安妮这是怎么回事。安妮说："这只是第一稿，同学之间先互改，改好后，出了第二稿，老师才会给分数。"这真是很新鲜的教学方法，同时我也很好奇外国同学怎么评价安妮的作文。我看到，一个男生在他认为写得比较好的那段边上，画了个翘翘的大拇指，那是个表示称赞的符号；另一位同学则比较尖锐地要求安妮：DIG DEEPER（深挖）！言下之意，不能浮皮掠影点几句；还有一个评语也挺不留情，在安妮开始段旁边写道："你觉得这一句作为开篇语合适吗？"晚上，我看安妮改稿时，面对这些评论却也心平气和，一点点地忙着修正第二稿。

晚上，我和安妮闲聊："你们老师真有办法，让同学之间互改文章。"安妮狡猾地看了我一眼："你不会认为我们老师是在偷懒吧？""怎么会？"我忙答。安妮可能是怕我误解她的老师，一本正经地打开了话匣子："老师让我们互相批改作文是有非常科学的安排的。对于一篇文章，如果一个同学负责改语法和错字，另一个同学就要负责修改文章的思想。老师批改作文时，不但要看我写得怎样，还会看其他同学评语写得怎样。"看到安妮急赤白脸地维护老师名誉的样子，我心里直暗暗发笑。笑过后忽然想起，这洋人老师让学生修改作文的方法不正是出版社的编辑审读书稿的流程吗？

看来，美国的学校自有一套方法教小孩子，咱们着急也帮不上什么，顺其自然吧。

祝好！

妹妹珮嘉

湿润的海绵更易吸水

这外国人的脑子和中国人怎么能差出那么多啊!

珮嘉:

你好!

来信说到美国学校文学课的情况。"阿喀琉斯之踵"这样的典故,对于安妮这样的小留学生来讲,简直就和外国人理解咱们的"孔融让梨"一样难。而老师让同学互批作文的方法真是很棒。

你的信让我想起文萱曾问我的一个问题:"表姐,你说我闺女到外国留学,听不懂人家外国人说的笑话怎么办?小孩子到底什么时候送出去好呢?"我没直接回答她的问题,只给她讲了个我不久前在飞机上的一次相遇,这里说给你听听,也许会有共鸣。

前日在飞机上,遇到了到中国教书的 Dan,Dan 是美国南卡罗来纳人。闲聊间,Dan 忽然问我:"为什么你们中国人的名字那么不同,基本没有重样的?"听了他的问题我差点儿笑出声来,心想,这外国人的脑子和中国人怎么能差出那么多啊!如果大家的名字都一样，那还要名字干吗？于是，一股给 Dan 上中国文化辅导课的欲望油然而生。

"这有什么难理解的，我们中国人的名字大都是父母绞尽脑汁起的，寄予了家族对子孙的期望，怕的就是雷同，要的就是与众不同。"Dan 听完我的话，满意地点点头："这和我们西方人太不一样了。"我看他确实是能听懂我方才的解释，于是试着问他："Dan，不瞒你说，我也有一个和你很相似的问题埋我心里好几年了"。Dan 问："什么问题？说来听听。""我很纳闷你们外国人的名字怎么都一样啊？如果课堂上老师叫'托马斯'，兴许会有三个人答应吧。"Dan 听了我的话，不但没有笑反而是仔细地想了好一会儿，之后才认真为我解释："你说的我明白，的确存在这个问题，遇到这样的情况，我们通常会在语音上做些变动，这样，问题就解决了。"我本以为 Dan 的课已经结束了，刚要闭目养神，Dan 又重新侧过脸："你知道吗？因为我们美国人大都是从不同的国家移民的，有的是法国来的，有的人的祖先是英国人、荷兰人……所以我们的名字虽然相同，但是姓却是成千上万的，而我知道，你们中国人的姓氏只有一百多个。"Dan 的这番话让我感到这个青年敢情是那种"知其然，还要知其所以然"的人，所以我也很乐意为他讲讲中国人姓氏的小常识。我告诉 Dan："我们的《百家姓》只是一百个大姓，并不是说中国人只有一百个姓氏，但从中国人喜欢固守自己土地，传承家族历史的农耕文化上看，中国人姓氏的数量的确少于西方人。我们中国人的姓氏有很多是相同的，我们见了相同姓氏的人，通常会开玩笑说'五百年前是一家'。"Dan 听了我的话很开心，并告诉我，他们西方妇女若是嫁人，会把丈夫的姓加到自己的名字当中。我说："这一点，东西方似乎比较像。我们中国人早先也是这样的，只是在近代，这样的做法逐渐消失了。比如，我的姑奶奶就叫作'孙周氏'。"我说得来了情绪，突然问Dan："如果夫妻离婚了，那个丈夫的姓氏是否要从妻子的名字当中去掉呢？"问完这话，我忽然有点后悔，而Dan依然是那么认真。我从他的表情中感觉到，他没有详细的统计资料给予我肯定或是否定的答复，但他还是在片刻的搜肠刮肚之后回答了我的问题："离婚时不一定去掉，但当女性再婚时，也许会把前夫家的姓氏从名字上去掉吧，不过也不一定。"

　　故事讲到这里，文萱若有所悟："表姐，你是不是说，只有很深地了解自己民族的文化，才有可能明白其他民族的文化呢？"现在想来，文萱说得一点儿不错，对于不同地域间的文化，既存在各自的差异，又有共通的地方。自己民族的文化理解了，才可更方便地理解他人的文化，进而产生交融和对话。这就像一块湿润的海绵，因为里面有水而更容易吸水是一个道理。

　　再叙！

姐姐

好文章是怎么炼成的？

这意味着我还没有上场，就注定会失败！

珮嘉：

你好！

来信说这些天看了安妮的美国同学写的作文，不但事情描写得非常有趣，而且思考还很有深度，有时甚至还用了意识流的手法。你说，这样看来，凭安妮现在的写作功底，未来申请大学的文书还真是个不小的问题呢。你来信让我说说琳达写申请文书的诀窍，我想了两天，结果盘桓在脑子里的一句话竟然是那么不着调——别老想着做好文章，文章才能真正做好。

后来一琢磨，这话一点儿不假。这就如同我们平日照相，一本正经地对着镜头微笑的照片往往并不尽如人意，反倒是那些生活中不经意按动的快门更容易搞出精彩的作品。这个比喻移到写作中同样成立。就拿我自己来说吧，我写作感觉最枯竭的时期就是上高中三年级那一年了，当时不知道为什么，可现在想来，原因太简单了：高三的学生整天是学校、家庭两点一线，没有丰富的生活素材，加之只想着怎么得高分儿，所以必然没有心思感悟生活,这样的状态,脑子不僵才怪呢,更不要说有好文章出来了。琳达当年的情况也差不多是这样,写文书最初的那段时间,越想写好越是写得烂糟,脑子里像是住进了冬天,一片灰茫。后来,我琢磨出来了,原因很简单,还是心浮气躁的问题。之前的几年,闲情逸致下,她写了比较多的好文章,又都被报纸刊用了,别人说她好,她真信了,所以必是不能掉下来了,这样的状态是写作的大忌。

至于你信中提到的有趣的事情、开阔的思路、深度的思考这几点,的确是好文章的几大要素。但要把这些落到文章当中,切不能临时抱佛脚,平日对生活的观察、体会,甚至悟性才是基石。

刚刚在邮箱里刨出了一篇文章,是琳达当年给她心仪的一所大学所写的申请文书,后来,她收到了那所大学的offer,应当和这篇文书有些关系吧。可你知道吗,这却是她一篇题为《出洋相》的日记改写的。

"六角华章"钢琴赛是我们学校最有影响力的赛事。为了这次比赛,我很早就开始准备了我最喜欢的一首电影主题曲《天空之城》,还用我攒了一年的零花钱购置了一件漂亮的晚礼服。

周三一下课,我就换上了那件晚礼服,兴冲冲来到比赛现场。一进门,我惊呆了,满场的选手都身着便服,没有一个穿成我这个样子的。更可怕的是,当我接过比赛曲目,哇!大家竟然选的都是古典钢琴曲,无疑,这意味着我还没有上场,就注定会失败!

我特地找了个不起眼的位子坐下，显然，我这是在给自己留下个逃跑的机会，但不知道为什么，最终，我却挑了"不走"。一个多小时以后，我听到主持人叫我的名字了。

我知道，此时，我所做的任何事情都不会挽回我在这场比赛中的命运，我只有选择勇敢地走向——失败。我微笑地拖着长长的晚礼服来到了钢琴前。之后，晚礼服、我、钢琴，就像三个好朋友，忘情地合作了那首我心爱的《天空之城》……之后，观众长达半分钟的掌声告诉我，我没有逃跑是多么正确的选择！

刚刚在电脑里翻看了一遍去年琳达申请大学的文书，基本上每篇文章都是取材于她那本《与谁同坐》，而这本书从某种角度看，其实也就是个日记本：记录日常发生的事情、看过的书、遇到的困惑……积攒了七年之久的陈年往事，现在看来，件件都是能助她一臂之力的"救命稻草"。所以说，好文章不是写出来的，而是攒出来的。

再叙！

姐姐

洋人的"留白"

对他来讲,最好的选择就是找到厨房排水沟堵塞的地方,并设法将其疏通

珮嘉:

你好!

前些日子我俩聊起关于安妮未来报考大学的事情。记得当时你说,安妮这孩子,自打到了国外,对于自己未来的想法未免过多。你问我怎么办,我答:"时间还早,到时候自然会有选择的。"你再追问:"若是到了申请大学的节骨眼上,还没有着落,怎么办?"我答:"那就GAP(中断)一年呗。"听了我的答话,你惊呼道:"这怎么可能?"从你不知所措的语气中听得出,你显然是把美国人的"GAP"和我们脑子里的"蹲班"混为一谈了。现在,我这里正好有个真实的例子讲给你。

今天,表哥一家来串门,我奇怪她的女儿周玲居然也同来了。一问才知,周玲刚刚中断了在美的学业,说是准备回国休整一年。这真是让我吃惊不小——周玲就读的是常春藤名校,且全学年的成绩基本是全优,从哪个方面讲,这孩子也不该GAP呀。问周玲为什么要这样选,她说:"大一这一年,为

了全优的成绩太拼了，成天泡在图书馆，每天睡觉不到五个小时。不光是在体力上，在知识的储备和心理上似乎像是被掏空了一样，如果再这样跟着学校的进度走下去，自己就得成头牲口了。所以决定空一年，充实一下自己，可能会去乡下支教，同时写点东西。"听了孩子这番从容、成熟的表达，我深受触动，毕竟这周玲只是个刚刚二十岁出头的孩子啊。这不禁让我联想到周末早晨，在手机上看到贾宝兰主编推荐的一组中国水墨画，淡淡的，以留白为主旋律，这和她曾主编的《读书》是一个色调。

在我看来，留白二字，重点是留，不是白。留白的"留"字是以谋划画布全局为目的的主动空白，有此处无声胜有声的妙处，这和白纸不是一个概念。懂得这个道理，我想，你就基本上应当懂得"GAP"和"蹲班"的区别了。对，就是主动和被动的区别。

琳达的大学同学中，今年也有两位同学为了办公司，向学校申请"GAP"一年的。两个孩子的成绩都很优秀，但他们说，优秀的成绩并不能帮助他们看清未来，他们要靠自己的脚找到方向。这俩孩子真诚而朴素的想法，马上让我联想起爱默生的一段幽默的话来："当一个人对联合国问题或世界和平问题感到惊恐不安或者不满意的时候，当他希望重新得到幸福的时候，对他来讲，最好的选择就是找到厨房排水沟堵塞的地方，并设法将其疏通。"

听了这些话，你也许觉得这些孩子未免过于浪漫，爱默生过于俏皮，或者之中还有那么点有违东方人的循规蹈矩秉性的味道。啊哈哈，这可正是我要让你接受的想法呢！

去年，在华盛顿遇到教育部的陈老师。闲聊时，我曾问她："你说现在的中国孩子，优秀的几乎都跑来西方留学，留在国内的优秀人才越来越少，将来对中国发展的影响会不会很不利呀？"她的回答，我当时还真有些不解，她说："眼下这些留学生学的不仅是西方的知识，可能更多的是看问题的方法。将来这些孩子们毕业之后，不论回不回国，他们这批人，无论是通过什么方式和中国发生关系，对我们国家未来的影响都会是不可估量的。"现在想来，我似乎有些理解了。

这不，琳达这些留学生们把"蹲班"闹成"GAP"，在当今这个时代，定是不会发生我们这些老朽拍案而起的状况了。这兴许就是陈老师所指的无处不在的影响吧。

再叙！

姐姐

从道元走进哈佛

人生真正意义上的成功并非取决于赢得每一场比赛

珮嘉：

　　你好！

　　美国高校的录取工作刚刚结束，就传来了琳达的小学妹被哈佛大学录取的消息。这消息真是令人振奋——这是四中道元班第二个走进哈佛大学本科学院的女孩子。如果说第一位道元学子李江被哈佛录取是个传奇，那么道元班第二个哈佛女孩的出现，是不是能说明道元理念所创造出的些许必然呢？毕竟，只有短短的五年时间，六十多个孩子中，已有相当数量的道元学子在"常春藤"之路上稳步前行了。

　　在孩子的成长上，我是个最不喜欢用统计数据说话的妈妈了。我老是觉得，在别人家孩子身上再大的概率，对于自己家的娃一点儿意义也没有。当年同意琳达进入四中的道元培养计划，想必也是这个好恶在起作用吧。可说老实话，那时，自己骨子里何尝不是战战兢兢呢？特别是当周围的亲朋历数四中高考班的教育所占有的各种优势时，我更是有种放着便宜没占的隐痛。

高中三年，在同龄人用尽浑身解数冲向高考的当口，琳达却将大把的时间花在了她所钟情的课题上。琳达的两个导师分别在中科院和清华大学，无论去哪个实验室都得花上多半天，对于这样的学习模式，我虽然理念上认同，但放在实际生活中，要说心里不毛那是假话。

虽然四中把琳达他们当"千里马"培养，虽然课题在国际上是领先的，但要知道，我们中国的高校，基本上是见不到孩子们拿了国家级以上的竞赛奖杯，是绝对不买账的。当时，我们这些道元家长真有种在马路上逆行的感觉。那么，国外大学怎么看待孩子们这样的成长模式，说白了就是"发不发offer"，也就成了衡量道元教育理念为数不多的标尺了。

现在好了，五年来，美国一流大学的橄榄枝频频伸向道元学子，所以，升学已不再是困恼孩子们的事情了。而孩子们入学后的情况自然就成了大家关注的焦点。我通过不同渠道了解到，在美国读书的道元班的学生，给教授印象最深的一点就是他们自主探究能力很突出，无论是在科技创新、领导力上，都高出同龄人一筹。每当听到这样的消息，我为之一振的同时都会陷入一种深深的反省中——其实，我们当初完全可以不那么计较琳达所升入大学的门第。

珮嘉，看了我上面这些话，你一定会说："姐姐，你这是'站着说话不嫌腰疼'，要是琳达没有申请到名校，起跑线上就输别人一头，那不一辈子不得翻身了？"你的这个话也是我多年来从没有质疑过的观点，但今天，这恰恰是我提醒妹妹你要思考的问题。前面跑得快的，还真不一定后面能怎样，这不是我想出来的结论，而是我在道元班孩子的发展路径上看到的事实。倘若李江、殷蕾这两位道元学子没被哈佛录取，凭她们的那股子自信和坚韧的劲儿，我相信，她们的才华也绝对不会轻易被埋没的，也就是说，人生真正意义上的成功并非取决于赢得每一场比赛。

明天是安妮考 SAT 的日子，告诉她，不要过于紧张，即使考得不够理想也没什么，一个分数解释不了那个在世界上努力了十六年的她。作为孩子的长辈，你我最大的责任是要保护好孩子们那颗进取的心。人只要葆有一个不灭的追求，世俗意义上的成功其实只是早晚的事。

再叙！

姐姐

对付四个猴儿孩子

一个可爱的胖丫头居然被妈妈五花大绑地捆走了

珮嘉：

你好！

我这是在大西洋的一艘游船上给你写信。从周一算起，我们已经在海上漂了三天了。沿途的风光都是一样的，除了海的蓝，就是天的蓝，所以我的兴趣也就从先前的甲板上转移到船舱里了。游船晚上的活动很多，看剧、喝酒、赌博、跳舞、泡温泉，忙都忙不过来。白天就比较闲了，餐厅总是开着，人们白天的生活似乎就是在不停地吃喝。

在船上，我们可算是为数不多的东方人了。每天在餐厅里吃饭，老是觉得被蓝眼睛好奇地瞟着，后来也习惯了，我们有时竟也有兴趣回送他们几眼，看看他们是怎么吃饭喝茶的。这样一来，海上的漂泊竟也不那么枯燥了。

话说我最爱看的是老外带着一大堆孩子来就餐。我特有兴趣知道，一对夫妻是怎么把四五个猴儿孩子搞定的。

一次，在自助餐厅，我和琳达正坐在一个带了四个孩子的家庭旁边。这家人刚一落座,那家的二小子就把餐桌上摆得好好的茶包从小篮子里全都倒了出来。年轻的爸爸看见我在看他家的娃,有些不好意思地冲我笑笑。之后,这个爸爸是这样做的:没有我想象中的大喊大叫,而是从十几袋散落在桌上的茶包中捡出了两袋,整齐地放回小篮子,然后他吩咐老大,监督二小子照他的样子去做,做完了才能吃饭。说完话,竟然扬长而去,径自找食去了。

这边老大、老二一摊子不提,再看老三,把桌子上的饮料在几个杯子之间倒来倒去,好像是在调"鸡尾酒",看着真闹心。因为饮料没洒到杯子外面,坐在对面扶着婴儿车的妈妈也没有理由说什么,只无奈地默默盯着那老三耍他的把式。这家的老四,看上去只有两岁的样子,在婴儿车里也没闲着,拿着一把勺,站起来从桌上的碗里舀东西吃,好几次,碗都差点儿被她的小勺扒拉翻。我心想,这要是我们中国妈妈,早就两巴掌上去了。可这位妈妈的做法却与我想象的极不一样,她用低而坚定的声音对着那个两岁的老四说:"你不要这样做,奶瓶才是你该用的。"然后,吩咐老三关照老四,最终,也像丈夫一样转身取自助台上的食物去了。

事情的结果,想也想得出来,小勺子终于闯了祸,把一杯果汁扒拉翻了。年轻的妈妈取食回到大本营来,一看满桌子的果汁,二话不说,首先取走婴儿车中老四手里的小勺,还之于奶瓶。小孩子似乎意识到什么,大声呼叫:"不,妈妈,不要这样。"哭天抹泪的声音真不像两岁的孩子发出的。接着,年轻的妈妈麻利地把婴儿车上的安全带都系上了,就这样,一个可爱的胖丫头居然被妈妈五花大绑地捆走了。回头看老三,马上停了手中调制鸡尾酒的戏法，乖乖拿盘子取吃的去了，老二在老大的监督下，手里的活儿也快了起来。正干得热火朝天的时候，孩子的爹端着自己的盘子回到座位上来："干得不错，小伙子们！"看他一脸的轻松样子，似乎刚才的一切都没发生过一样。

在游轮上生活就是这点好，可以近距离地看到老外的生活。后来我琢磨出，这外国人在管教孩子的方法上，还真是和咱们中国人不一样——遇着乱子先是假装镇静，紧接着就会抛出既定的规则，然后立即执行。现在我想，他们的镇静倒也不一定是假装出来的，很可能是对事情发展的后果已经有了预期，所以才不会大惊失色地对着孩子吼，这样的示范对小孩子形成沉稳的性格似乎挺有意义。

再叙！

姐姐

误入裸体浴场

眼见着琳达被沙滩裙捂严了,那老哥才开心地点头放行

珮嘉:

你好!

今天我们到了安提瓜,那里的海岸非常洁净,海水也蓝得纯粹。琳达玩得特别开心,跟着海里的鱼群游出了二百米。等我追过去找到她的时候,突然发现,我俩已经是身在裸体浴场的界内了。

比起误入裸体浴场更让我吃惊的是,琳达似乎对裸体这个事并不敏感,迎面撞见大摇大摆的全裸的夫妻,她也只是和人家平静地擦肩而过。看到琳达这样自然,我虽然省去了用手遮她眼睛的环节,但心里也不免狐疑:这孩子刚来美国两年,咋就这么开放了?

我问:"琳达,你不觉得老外这样光着身子,大摇大摆地走别扭吗?"琳达边用手撩着脚下的海水边答话:"哎哟,我怎么觉得咱们穿着泳衣在这里溜达才别扭呢?"我四下望望,周围没有同胞,便对琳达急赤白脸地提高了嗓门:"你在美国上学,

没我们盯着,可别给我出这个洋相啊!"

琳达扭过脖子,瞪着我:"您注意点儿国际影响啊!穿着泳装在人家裸体浴场待着本来就不对头,您还那么大嗓门,现在懂中国话的人可多了,小心人家投诉我们啊!"我自知琳达说得有道理,但又不能让她的气焰嚣张起来,忙找话压她:"你是不是说,咱们现在最好入乡随俗啊?"琳达听我话里有话,忙说:"哎哟,妈,您不是真要脱衣服吧?"看她着急,我这才放下了心,敢情这孩子脑子里还是有我们东方人的框框的,但为了把琳达的保守思想坐实,我便追问她:"你说说看,为什么你不会跟着洋人屁股后面学这一套呢?"琳达一本正经地答道:"妈,您知道裸体主义是什么吗?不懂这个,光着身子招摇过市,那就叫瞎起哄。"我笑着又追她一句:"那还不简单,你给妈讲讲裸体主义,讲明白了,咱马上不就能脱俗了吗。"琳达狡猾地看了我一眼:"您想吓唬谁呀?我还不了解您?"我还是不放心,仍抓住她不放:"那你倒是说说,咱为什么不能玩这种东西?"

琳达想了一会儿,回我:"第一,说裸体主义的渊源那就扯远了,重点是,谁能保证这海滩上的观众都是纯粹的裸体主义者呢?如果没那份追求,脱光了让人参观还是很冒险的;第二,我们亚洲人虽然说是'黄种人',但实际上,皮肤比西方人要细腻、白净很多。您看看人家老外的皮肤是啥模样的,黑人不用说了,那些白人,个个晒得红红的,就像这海里有鳞的鱼一样,从这个意义上讲,他们是有盔甲的,而我们的皮肤呢,大白萝卜似的,如果现在我们也来个入乡随俗,估计准会'呵呵'了。"

逗着琳达表这么多决心,其实我担心的哪里只是裸体浴场这个事呢？在北京的马路上，每当我在街上看到有些年轻的女孩子或是学西方人露着前胸后背，或是从一个角度能很容易地窥见其腰部以下的光景，我都会祈祷在国外读书的琳达可别犯这样的傻呀！东西方的文化起源是不同的，西方的东西对亚洲人有很强的诱惑力，但不一定是适合自己的。服饰如此，思想也是这样。

　　长时间穿着泳衣在裸体浴场走，感觉挺对不住那些裸着身子的人的，所以就和琳达一起下水游到了停船的码头。冲完淡水，登船的时候，我俩自是浑身湿漉漉的。我习惯性地裹上了浴巾，琳达只是把裙子随手搭在肩上，准备穿着泳衣自然风干。我俩正要走进船舱，只见船老大，一个黑人老兄，急匆匆迎面赶来，对着琳达用当地的土话连比划带说。搞了好一会儿我们才猜出来，原来他是想让琳达把裙子套在她的泳装外面！看着他那副诚恳认真的样子，琳达只好按他的意思穿上裙子。眼见着琳达被沙滩裙捂严了，那老哥才开心地点头放行。目送他的背影走远，我们不禁偷笑起来。在一个有着裸体浴场的海滨城市，当地人竟然如此保守，真是难以想象这两种思想是怎么并存的。

　　再叙！

姐姐

报考四中道元班

道元班的考试是不用复习的，临时抱佛脚没有任何意义

珮嘉：

你好！

来信说你同事的孩子明年想报考四中道元班，让我给说说当年琳达考取的经验。这两日，我想来想去，不如把"经验"二字改成"经历"更稳妥，因为经验是对于成功而言的，要是人家没考取，岂不尴尬。

琳达能考取四中的道元班实在是各种机缘巧合的结果。第一次听说四中有这么个神奇的实验班，已临近道元班报名截止仅仅一周时间了。都没来得及向琳达仔细讲明原委，周末，带上十几篇琳达的文章，全家急急慌慌就去了四中。到了地方，瞥见别人家孩子手里攥着的都是些高大上的奖状，顿感心凉，我们全家的个头也似乎皆比周遭矮了半截儿。

接待我们的有两位老师，其中一位年轻老师先是问了琳达的基本情况。因为此前琳达并不大了解道元班是怎么回事，所以，回答完那位老师的问题后，她坐在那里，不知接下来再说

些什么才好。正在这个当口,坐在年轻老师对面的那位老师(后来知道他叫陈年年)抬起了头,用一种颇为安静的语调说:"同学,请把你手里的文章给我看看好吗?"

琳达默默地把印有她文章的那摞纸递了过去。陈老师看文章的时候,琳达仍干坐在那里,身后陪着的是我们两个老的,这似乎有点像看中医时等着医生把脉的样子。兴许在四中热闹的中考咨询会上,这样的安静实在太不常见吧,果然,不大工夫,就有一位排在后面的学生家长忍不住了。只见那老兄径直走到陈老师面前,高大的身体挡在了我和陈老师中间,同时,一本附带着诸多名人推荐信的文集也从他的皮包中被火急火燎地掏了出来。从这位父亲的侃侃而谈中,能感觉出他的女儿在文学界的不凡表现。我看这人个子很高,弯腰和老师说话极不舒服,也加上不大愿意使自己的脸老是对着他的屁股,于是干脆站起来把座位让给了他。这位心焦的父亲并没有顾上跟我道个谢,倒是陈老师对我投之会心一笑。待那父女俩走后,我便有机会端详起他们留下的那本册子了,其精美的程度令人咋舌,不禁对陈老师叹息道:"自惭形秽啊!"陈老师一边闷头继续之前的翻阅,一边随口说了句"不在形式,还是看东西"。语气仍是那么安静,好像阅读的思路从没间断过一样。

之后的情况你是知道的,琳达不仅收到了陈老师发的报名表,还得到了他许多鼓励的话。临走时陈老师还叮嘱了琳达一通,说是道元班的考试是不用复习的,临时抱佛脚没有任何意义,四中看的是积累。

果然,之后的三次考试,从形式到内容,均印证了陈老师无须复习的嘱咐。正像琳达在她那篇《松绑的青春》里说的,考的既有天文地理，又有鸡毛蒜皮！几轮考试下来，琳达从中也逐渐领会到了道元班的个性了。所以，我也想提示你一下，转告你的同事，四中道元班所走的并不是应试教育的路。如果他的孩子是想把道元班作为进入国内名校的敲门砖，那就太误会了。

再叙！

姐姐

在北京试验"纽约慢"

在很多时候,人其实是很难超越自己所处环境行事的

珮嘉:

你好!

来信说,你发现美国的中学居然不要求孩子们背乘法口诀,考试还可以携带计算器!你对安妮说,要是能背下乘法口诀,考试会占很大便宜的。可安妮就是不听,非说老师不要求的事情就没有必要多做。对你着急的心情我很理解,小九九是咱们中国人的绝活,若是能下功夫背一下,安妮做题的速度能提高很多倍。可她非不背这个口诀,你也不能硬往她的脑袋里塞呀。好在这也不是什么大问题,到哪说哪吧,入乡随俗嘛。说起这事,倒让我想起初到纽约时的事情来。

刚到纽约时,乘公共汽车,由于不了解当地的情况,快下车的时候,若是赶上人多,我往往会按照国内的习惯,一路说着"劳驾",提前奔到车门那里候着,免得到站时来不及下车。直到一次和安妮一起乘车,我才知道,纽约的规矩不是这样的。纽约本地人大都是等车停稳了才起身的,无论离车门多远,人多么多,都是这样。若是在车子行进的过程中,有人向跟前的人说着"劳驾"奔向车门,八成是这个人有什么特殊的事情要先下车。若是车里人人有座位,那就更不必提前赶去车门处等候了。时间一长,我越发觉得这样做很合理,既优雅又安全,何乐不为呢,所以暗下决心,日后回北京,也不妨照这样的方法去做。

　　回国后,我的第一次"试验"是在去建国门的地铁上进行的。车厢里虽然人不少,但我坐的位置离车门不远,而且,建国门是大的换乘站,依着以往的经验,下车的人会相当多,所以说从哪个角度讲都不必着急。所以,到站后,任凭身边的人鱼贯而过,我仍杵着没动,直到感觉身边的人已经走得差不多了,这才起身,抬腿迈步。而就在我要跨出车门的一刻,不料,那些原本在车厢外静候上车的众人竟然如洪水般迎面而来,刹那间,我心中那个优雅的"纽约慢"立马就变成我与上车人流的肉搏战了。最后一秒,我终于挤出车厢,听到身后车门关闭的"咔嚓"声,不禁暗想,这要是有条尾巴,不被夹住才怪。

　　第二次试验是在107路公交车上。经过上次的教训,我再不敢在人多的时候搞那个慢动作试验了。可那天,公交车上的人的确很少,人人有座,我心想,今天总该能实现一下自己"纽约慢"的小梦想了。眼看车快要到平安里了,门口没有一个下车的,于是我就更加放心地等着车停稳了的那个时刻。车如我所想,到站后停了,我觉得我是用了一秒钟起身的,接着,我揣度着纽约人的步速向车门方向走,刚走了两步,只听见车门连着"咣当"了两声,第一声是开,另一声是关,我下意识地大叫:"别呀!"可与此同时,车已经启动,开出几米远。还好,售票员为我向司机求情,门再次打开,但似乎车轱辘还保持着运动的状态,我壮着胆子跳下车,要是路上有个大坑,我敢保证那一定是属于我的。

今天写信,说起入乡随俗这个话题,上面的例子我觉得该是很恰当的比喻,在很多时候,人其实是很难超越自己所处环境行事的。即使一件看似很有道理的事情,放到另一个文化背景下,也是很难走通的。更何况安妮这样的小孩子,你让她身在国外,再搞一套国内的东西,我觉得这和我在北京实践"纽约慢"没什么两样。

再叙!

姐姐

武术是什么?

误导,被受教者毫不犹豫地接受了

珮嘉:

你好!

来信说,周末你带着安妮去参观布鲁克林那家有名的舞蹈培训班了。安妮当场试了课,小家伙儿很满意,但你却觉得洋人的辅导不靠谱——孩子们一不压腿,二不下腰,光看他们蹦蹦跳跳,那洋老师的脑子里好像根本没有咱们中国人"台上一分钟,台下十年功"的概念。花那么多钱,搭上那么多时间,什么真本事都学不着,真是不划算。

你这事让我想起那天有个记者问我的话:"您对家长们让孩子参加各种课外学习有什么看法?"当时,我还真没反应过来,觉得大家让孩子们多学点才艺没什么不好呀,现在细想,里面好像还是有些问题的。尤其是今天我在北海公园遇到的一个场景,触发了一些我以往没曾感受到的东西。

在五龙亭,两个小男孩儿,看上去七八岁的样子。不知怎的,俩人玩着玩着,忽然在空地上扭打起来,惊动了他们正在一边聊天的两位妈妈。那个眼看儿子处于弱势的妈妈刚想去把两个小家伙拉开,另一个妈妈说:"小孩子的事,我们不去管,正好也让他们把在武术班学到的本事练练。"弱势妈妈虽然心里急,但碍于面子,也不好过去干涉了,不过从她的眼神看,她是很揪心的,尤其是看着那个大个头把自己孩子的书包踩在脚下的样子,想必心里很不是滋味。从附近观看这个场面的人们的眼里不难感觉出,大伙儿都很不舒服,毕竟这样的打斗怎么看也不大像武术。

正当人们为这场"战役"如何结束发愁的当口,忽见先前那位主张"不干涉"的妈妈一阵风似的跳到了两个孩子的身边,细看战局,敢情她的儿子已是处于"反胜为败"的境地,正在对手的身子底下挣扎呢。战争以裁判的出面干涉告终。但这不是我要说给你的重点,重点是这位妈妈后来教导孩子的一席话——

"你看,人家凡凡为什么能把你打倒,你为什么上周比赛没拿到奖牌,知道原因了吧?人家凡凡每次上完武术课都要再练三十个翻跟斗,你呢?从来不肯多练。老师怎么说?武术是时间,你懂吗?你想拿奖牌,想赢别人,不下苦功行吗?"小孩子听了妈妈的"教诲",深深地低下了头。这是多么令人难过的场景啊——误导,被受教者毫不犹豫地接受了。

相信听了我说的这个事情,你一定会和我有同感。对于一种技能,很多时候我们的眼睛往往会盯住各种证书和比赛的结果,而少有考虑这些本事会给孩子们的生活真正带来什么。就像刚才我讲的这位妈妈,只是把孩子吃了败仗放在了心上,这也就决定了她会选择"武术是时间"而非"武术是精神"来教导孩子。回到安妮的舞蹈课外班这个事情上,要我说,重点不是压腿下腰,濡养性情才是要领。不知你是否赞成我的这个观点。

再叙!

姐姐

为什么不喜欢交响乐？

时而被慢板催眠，时而被快板吓醒

珮嘉：

你好！

安妮打电话告诉我，你为她们买到了《狮子王》的歌剧票，她和琳达好开心。和孩子们的兴奋形成鲜明对比的是你的来信："看来让孩子们去百老汇，要比拖她们去听交响乐容易多了。我特纳闷儿，让她们提高点欣赏档次怎么就那么难呢？"

看了你的信，我也挺有同感的，可转过头想想，我们希望孩子们欣赏的那些高雅的艺术，自己又有多少了解呢？如果对于我们成人理解起来都颇费力气的东西，孩子们拒绝它，其实也是顺理成章的。

这不免让我回忆起二十多年前的一个瞬间。记得当时我戴着耳机，一边听着贝多芬的《田园交响曲》，一边穿过东四路口，耳朵感受到的恬静和眼睛看到的嘈杂是完全不同的两个世界，而十几年后，我与《田园交响曲》在万里之外的重逢却给了我另外一番滋味。

2003年，我与好友去华盛顿郊外的黑山公园游玩，驾车沿小路穿过一片茂密的森林时，只见有几只小鹿在我们眼前跳跃奔跑，路边草丛里还有小兔子的影子窜来窜去。那时，车上的CD机中播放的恰是贝多芬的《田园交响曲》。眼睛看到的世界和耳边飘荡的乐曲浑然一体，这也是我第一次对古典音乐的魅力产生了目瞪口呆的感觉，在"傻眼"的同时，我又想起东四路口的那个瞬间，不禁与那个少年时代的我会心一笑。

在茫茫音乐的海洋中，我用了十多年的时间认识了一支曲子，还是因为一次极其偶然的邂逅。后来我也曾经试图多创造些机会使自己尽量靠近这片海域，但事实上，不但成效甚微，这期间还闹出不少的笑话。

还记得去年年初那场在卡耐基音乐厅的音乐会吗？当时安妮坚持不去，你还挺生气。最后，为了不糟蹋票，咱俩一道去了。到场后，一看节目单，才知整场演出都是那些以作品标号和调子做题目的曲目，两个小时下来，除了一个奏鸣曲你我稍有共鸣，其余全不知里面的路数，时而被慢板催眠，时而被快板吓醒，走出音乐厅的大门，真像是获得了解放一般。我记得你当时说："怪不得安妮不要来听这场音乐会呢！"今天看来，这是一句多么善解人意的话呀！所以说，音乐并不像一颗甜蜜的糖果，它诱人的地方往往不那么直截了当，特别是像交响乐这类艺术，它的美味之处往往是被藏在很深的地方的，没有此方面的教养，想找到它并非易事。

对了，前日在一本书上看到评论舒伯特音乐的文章，其中一句说他的作品"不是写出的，而是流出的"。读了这话，既增加了我对音乐亲近的欲望，又让我感到了音乐带给我的恐惧。

由此，我忽然发现，自己似乎找到了与西方古典音乐长久隔阂的原因——音乐是创作者的心灵表白，不懂得那个人，何从领略那份情呢？通过我们自身对于西洋乐认知过程的周折不难看出，人类公认的很多有价值的财富，往往埋得很深，想获得它是个颇费气力的事情。这对于你我都不易，更何况孩子。

再叙！

姐姐

制作你的"家庭树"

我们中国人的家谱只有男性的名字,女性是不能上家谱的

珮嘉:

　　你好!

　　给安妮寄去了咱们家的家谱,安妮今天来电话问我,怎么在家谱里找不到你我的名字。她说人家外国同学的家谱,全家的名字都在上面。我告诉她,我们的家谱是三百多年前的,按照那个时候中国的风俗,只有男性的名字可以写在家谱上,女性是不能上家谱的。听了我的答,安妮"啊?!"地大笑起来。

　　让孩子们制作家谱,这在美国学校是很普遍的。外国人管家谱叫作"Family tree",家庭树。制作家庭树,这真是个很妙的教育方式,既能增进孩子们的家庭归属感,又能为他们成年后树立社会责任感、家国情怀埋下一个小伏笔。

　　从安妮的大笑里,不知你听出了些什么。我理解,里面八成有对中国古代男权文化的不可思议,特别是在21世纪的今天,我们递到她这个新人类手上的东西,竟然还带着旧文化的尘土。这样想来,孩子的笑是那么有道理。

安妮的作业让我想到，生活中的很多环节，其实东西方文化是很相近的，比如宗族观念，也并非中国文化独有的。有一次，与来中国工作的美国人 Daniel 聊天时，我问他："你们外国人的名字中间有很多难翻译成中文的大写字母是怎么回事？"他说："这些字母是一个词的缩写，很多是代表着一个人的家族印记的。如果家里是基督徒，中间名一般是教名。"这样看来，西方人在血统上也是讲究出处的。再说到东西方文化有什么不同的时候，我对 Daniel 说："我们中国人和你们西方人有一点不同是很明显的，就是我们不会在孩子十八岁的时候把他们从家庭中'扔出去'。我们中国的爸爸妈妈不但要在学业、事业上继续支持子女，很多还要帮助看完孙辈才算安心。"Daniel 答："虽然在我们的文化里，孩子长到十八岁是要自立的，这的确与你们中国的文化有很大不同，但实际上，也有很多父母会手把手地帮助自己的孩子建立事业，并不会以十八岁为界限完全停止对子女的帮助，比如说我的父亲就会经常和我通话，或者写信给我，把他对一些事情的看法告诉我。我父亲是医生，如果我当时选择医学院的话，他也会在人脉和资金上给我提供帮助，但遗憾的是我没有考上医学院。当然了，对于不同的家庭，会有不同的选择。"

让孩子们制作家庭树，真是个很有智慧的教育方法，这在我们国内的教育中还是很难看到的。建议你有时间能和安妮一起，不但把这棵树的树干画好，有条件的话，把我们家谱的内容也充实起来。北京、江苏、上海，我们家族中还有很多老人家健在，百年之内的事情还是可以寻到些的。几年前，去上海图书馆打听到,他们是可以收集来自民间的家谱的,待我们把家谱整理完备,不妨送去那里一份保存起来。

　　再叙!

姐姐

溺爱的另一种结果

媳妇抓住了婆婆的短儿,这事放在今天可以当笑话听

珮嘉:

你好!

来信说,看到外国人教养孩子的方法和中国的父母真是太不一样了。就拿孩子摔跟头来说吧,在国外,很少看到人家老外三步并作两步赶过去帮着掸土的;可同样的情况,被我们这些中国父母遇上,孩子摔了跟头,自己的心比孩子的肉不知要疼上多少倍。看了你的信,我很有共鸣,可这两日我又在想,如果教育中全部都是理智为王,好像生活的颜色又略显单调。对于孩子偶尔的小放纵,只要不形成常态,似乎也无须我们过于大惊小怪。

记得20世纪70年代,那时我只有四五岁,常常感冒咳嗽,小小年纪,就成了老中医王绵之家的常客。每次从他家看病回来就是煎药。中药的那个味道对于一个小孩子来讲,闻着就要掉泪。妈妈虽然心疼我,但为了让我的百日咳赶紧好起来,每次都是把盛着药的杯子给邻居孙老太太,让她帮着完成给我灌

药的任务。每到喝药的时候,孙老太太都会端坐在她的小椅子上,膝盖上垫块毛巾,威严地招呼我走近她。之后,就有我的好看了。年幼的我,一到这个时候就怕得发抖,直到我们的奶奶从乡下来到北京。

自从奶奶来京后,妈妈就把我喝汤药的事交给了奶奶。奶奶是个慈悲的农村老太太,她看不了我怕苦的泪,看着我咳嗽不大厉害了就不让我吃药了,但又怕那么贵的药糟蹋了,所以就自己喝下那些药。后来,这个秘密终于被妈妈发现了,妈妈哭笑不得。媳妇抓住了婆婆的短儿,这事放在今天可以当笑话听,奶奶当时的尴尬可想而知,一定是被安上"溺爱"的罪名的。

一直以来,人们都公认的观点是,中国的家庭太溺爱孩子了,有些明明知道是孩子该承受的东西,理智却甘拜下风,这对孩子将来独立的确不利。可现在想来,凡事不可一概而论。就我个人而言,上面那个小风波不但让我至今仍感甜蜜。从奶奶身上,我还领略了我们中国老人特有的对小孩子的宽柔之情。

这次从伦敦乘飞机回北京,为了出入方便,我挑了过道的位子,我的里侧坐着一对父子,年轻的父亲大卫和三岁的儿子杰瑞。大卫是英国人,礼貌、自律。他的儿子也像极了他,前六个小时的飞行中非常安静,或是看动画片,或是喝点果汁,中间只去过两次卫生间。对小孩子这样的表现我非常诧异,所以会善意地问大卫是不是要带孩子走动一下。大卫为了不打扰我,总是说"没事,他可以坚持"。到了大约七个小时的时候,我间或听到了杰瑞嘤嘤的啜泣声,从父子俩的对话中我听出,小杰瑞实在是太累了!一个三岁的孩子被安全带绑在座位上那么多小时，怎么能不难受。黑暗中，我听到大卫对儿子低声地劝慰着："我知道你不舒服，但这是最安全的姿势，飞机里所有人都是这样坐着，所以，你也是一定能够坚持的。你发出声音，这会影响到其他人睡觉。"在黑暗中听到这些话的我，真为小小的杰瑞叫苦，心想，难怪他们外国佬总是照章办事，原来根子是在这里。

之后，和大卫聊天时说起中国人的孝道，大卫说："我很敬佩你们中国人这种文化。我很不明白你们是怎么做到的？"这问题来得突然，情急之下想起了上面那桩儿时的趣事，试着讲给大卫听，大卫听后，若有所悟："你的意思是中国的孝道和长辈对孩子的'溺爱'有点关联？"我说："我当然不敢确定这两件事之间的关联，但从我自身的体会看，我们对奶奶的深厚感情，多半是来自她对我们这种略显糊涂的爱。"而后我注意到，大卫悄悄解开了杰瑞的安全带，然后，黑暗中，杰瑞在座椅上畅快地跳了好几下。

再叙！

姐姐

从"sleep over"说起

唉,这在美国念个书,还真是闹心

珮嘉:

你好!

这次安妮回国过暑假,作为她的临时监护人,我感觉并不像以前那么轻松。特别是上个月末,她要去小学时的玩伴家过夜,我不知对方底细,故没有同意。其实,我又何尝不知道安妮说的那个"sleep over"呢?在美国,特别是小孩子之间,是很流行到彼此家里过夜的。但为了防止万一,这次,我还是坚持了自己的主张。也不知小家伙回纽约后,有没有记恨我这个多管闲事的姨妈?

一波未平一波又起,这不,最近琳达也闹着要去参加同学的生日派对,同样也要面临在人家过夜的问题。唉,这在美国念个书,还真是闹心。这些不谙世事的孩子哪里知道,很多时候,这外国人脑子里想的东西和我们中国人是很不一样的。别的不说,我最怕的就是美国人拿大麻不当回事那个劲儿。最近,恰好遇到在美从事法律工作的朋友,问到一些关于大麻的事，这里也给你说说，好心里有个数。

滥用大麻会使人产生幻觉甚至威胁生命。在这一点上，我们国家对大麻的态度与联合国是一致的。联合国禁毒公约把大麻列入麻醉药品进行严格管制。可在美国，大麻可不是个被人人喊打的东西。有个朋友给了我一个材料，上面这样写道："美国第一任总统乔治·华盛顿在1765年8月7日的日记中是这样说的：'今天的工作是把雄性大麻植株和雌性大麻植株分开，希望没有太迟。'"不仅如此，后来，我从报纸、网络上还看到，美国的好几任总统和知名人士都在青少年时代和大麻有染。

不知道你注意到没有，在纽约的街道上，和路人擦肩而过时，经常能闻到一股大麻的味道。有一次，听在西雅图念书的小晴讲，在华盛顿州，美国同学并不把吸食大麻当作什么不堪的事情看待。她的同学伊莲娜说，她的妈妈得知她吸食大麻的情况之后是这样对她说的："你抽大麻时不要找些不三不四的人，要和那些高雅的人一起抽。"这样的回答，在咱们中国妈妈看来是不是太不可思议了？

原本，我只是把小晴说的这个事当作笑话听的，结果一翻书才晓得，敢情大麻合法化居然还是美国社会争论很激烈的议题呢！从目前看，在美国联邦层面，也就是国家层面，大麻仍然属于毒品，根据联邦《药物、毒物及受控物质法》，大麻与海洛因等同属于最严重的一级管制药品，而可卡因、冰毒则属于二级管制药品。后来，我问了几个在美国的朋友，他们几乎都说，在美国的很多州，吸食大麻是一个灰色地带，法律对这个事常常是睁一只眼闭一只眼。美国不但有二十多个州被允许出售医用大麻，还有几个州是能够合法出售消遣用大麻的。

虽然大家都知道，在部分州，大麻合法化的通过是资本的力量在起作用，不合理之处显而易见，这项法案的通过在道义上是很难站住脚的，可在美国，说话算数的却偏偏是"法"。因此，为了防止孩子们在异国他乡不出意外，和这些东西保持距离还是必要的，特别是孩子们到老外家过夜这事，还是留个心眼儿为妥。他们现在说我们老土没什么，待他们长大了就会明白我们做父母的苦心了。

再叙！

姐姐

不要忙着说出来

丽萨虽然性格鲁莽，但人还是蛮善良的

珮嘉：

你好！

原本是计划和两个孩子一起去中央公园拍照的，结果出了门才发现，积雪已经很深，大家都没有穿雨靴，所以我们只好改道，去楼下的咖啡馆了。咖啡馆的名字起得很好，叫作"Thinking（思考）"，喝咖啡有助于思考，这是常与咖啡为伍的人士的共鸣。

难得和孩子们有这样闲暇的时光。安妮和琳达都愿意聊她们在学校的一些杂七杂八的事情。安妮说起她的同学中有一个外国姑娘丽萨，性格特别外向，做事很冒失。安妮就着咖啡带来的兴奋劲儿，还给我们学了段丽萨的样子："一天放学，我正和 Candy 并肩走路，丽萨从后面风风火火跑来，边用两只粗壮的胳膊将我俩分开，边嚷嚷着：I'm middle！（我要在中间）"琳达对安妮绘声绘色的表演挺感兴趣，忙着问："那有人愿意和丽萨成为朋友吗？"安妮答："我就是她的朋友啊！丽萨虽然性格鲁莽，但人还是蛮善良的。"听了安妮的答话，我真是吃惊，于是忍不住问她:"安妮,我怎么觉得你与从前大不一样了。"安妮问:"姨妈,您是不是觉得我现在看事情不那么小心眼儿了。"我笑道:"你怎么知道的?"安妮答:"不光是您有这种感觉,我自己也能感觉到。"我问:"是因为长大了,自然就变成这样的吗?"安妮使劲摇头:"还真不是,是让我们老师给逼出来的。"我问:"怎么讲?"安妮道:"比如就拿大家都热衷谈论川普竞选这件事来说吧,老师并不是鼓励我们把肚子里的话随心所欲地都抖搂出来,而是反复说:'先别急着说,想好了,讲出的话一定要公平,一定要在脑子里想周全了再出口。'"我问:"是不是川普竞选这件事比较敏感,老师才会这么做,平时的课堂讨论是不是就会随便一点了呢?"安妮说:"上小学时,老师不大要求这些,我们想到哪里就说到哪里,但上中学以后,老师就总会告诫我们:'考虑问题一定要去除自己脑子里个人的偏好,尽力客观,也站在别人的位置想想问题。'老师的口头禅是'想周到了再发言,不要忙着说出来'。"安妮怕我误会她的意思,补充道:"这并不是说不可以畅所欲言,老师只是要求我们谈观点时一定不要肤浅和带偏见。"

辩论不是争吵。不带偏见地评价事情和人是一种习惯,也是一种能力。别说对孩子,就是对于我们成人又何尝不是件难做到的事情呢。最近,每当看到一些媒体对于种种社会现象类似"脱口秀"样的浅薄评论,就会想起安妮上面的那些话。要不是这次闲聊,我真的一直以为安妮的学校里鼓励发言只是鼓励举手呢。

再叙!

姐姐

偶遇"绝代金莲"

布莱克老师在世界史课上还讲过中国的这段历史呢!

珮嘉:

你好!

这次安妮回国,我们带她在乌镇待了两天。西栅几年没来,变化很大。现代化的管理和古朴民宅的完美结合,让人感到非常惬意。能在这样舒适的环境中体会传统的中国文化,真是我们现代人的福气。不过,值得一说的却不止这些,此行让我吃惊的还有你的安妮。

来乌镇的第二天下午,我们午睡后在西栅溜达,不经意转到了一座大宅子跟前。门楣上书:三寸金莲馆。安妮说,之前在美国上十年级的时候,Black(布莱克)老师在世界史课上还讲过中国的这段历史呢!

这家博物馆除了门口的招牌外,展览的开始还有一个大标题,用中英双语书写:绝代金莲 The Ending Golden Lotus(中国缠足文化博物馆)。进入时,被告知参观全程不让拍照,由此,博物馆的神秘感也陡然增加了几分。我注意到这个展览布展很讲究，主体是八百二十五双做工精巧的绣花鞋，陈列在玻璃橱窗中，让人感觉很唯美；展品下面的图说，所使用的语言也是尽量客观而不带主观色彩，这让在场参观的人并不会感到有什么不妥。

参观很快结束，我没有多想什么，带着两个孩子继续在西栅河的两岸寻找合意的风景拍照。这期间我听到安妮和琳达的一段对话。琳达问："你怎么不说话了，想啥呢？"安妮说："我怎么觉得刚才看的那个展览有什么地方不对劲儿？"琳达问："怎么了？"安妮坐在长椅上，若有所思地和琳达讲了当年Black老师介绍中国妇女缠足那段历史时的情景。安妮回忆说："Black老师上课时拿着一张照片，照片上是一位小脚中国女人和这个女人一只变形的脚。当时全班同学都被这幅照片惊呆了，大家的脸上都是那种很厌恶的样子。下课后他们还问我，你们中国人真这么干吗？"琳达问："你怎么说？"安妮答："我当时真的很尴尬！当然只能说我没见过，也许是古代人很无知才这样做的。"琳达说："你说得对呀！我们就是没见过嘛！而且他们西方人过去也有这样的事情。"安妮问："真的吗？"琳达说："他们西方女性束腰的风俗也和咱们中国女孩子被裹小脚是一样的。"安妮听后，高兴地跳了起来："姐姐，你太好了，以后再遇到外国人笑话咱们裹小脚的事，我就有的说了！"看着孩子们高兴的样子，我也很开心，买了两个冰激凌给她们解暑。安妮举着冒着凉气的冰激凌边吃边问琳达："姐姐，你说，为什么这里要展览这样不好的东西呢？从今以后，如果再有外国同学问我知道不知道裹小脚的事，我就不能说我没见过了。"转脸看琳达，她的眼珠转了两圈也没说上个所以然来。现在我想，难怪琳达想不出答案，说谎她的确不在行。

　　此时，坐下来写信给你，我就琢磨，按照一般的逻辑，家丑一般是不外扬的，而把这么残酷的历史当作中华文明史的一部分来展览，的确令人费解。退一步讲，如果说搞这样的展览是为了达到对这段历史深刻反省的目的，那么从布展的风格看，均难以让人感受到这一点。在我们参观的过程中，不时也有老外来参观。当时我就想，这些蓝眼睛们怎样看中国古代的这种风俗不要紧，而他们会怎样看待我们现代人将这种文化糟粕冠以如此唯美的名称——The Ending Golden Lotus（绝代金莲），倒是件值得注意的事情。

　　上面这些话似乎超出了我们讨论孩子们教育的范畴，但它的确是摆在你我眼前的一道难题：裹脚布放到今天到底该是个啥味道？我们这些成年人总得负责任地向孩子们解读吧。

　　再叙！

姐姐

儿童眼中的"刀子嘴"

你的这话乍听上去也没错,但这却不是问题的全部

珮嘉:

你好!

今天一大早,爸爸打来电话,说是老邻居李阿姨非常喜爱谈论《母爱的界限》那本书,并写了信给我。晚上接到信,上面的一个情节让我久久不能平静。也正是你曾问我的一个问题:父母是否可以打小孩儿?

"记得那是七十多年前了,我当时只有六岁大。一天,都晚上八九点了,我妈也不知怎的,心血来潮,放上了炕桌。别看我妈没文化,她却会写12345,她让我照着写。我玩了一天,人困马乏,写了五六遍,其中的'2'写歪了。我妈看后非常生气,在骂我笨的同时,还给了我一个大耳刮子。我不敢哭,第二天吐血了……"李阿姨描述的这个来自亲生母亲的大耳刮子,想必会勾起很多人的童年记忆。母亲的手在那瞬间可谓爱恨交织,小孩子若不是长到自己有了孩子的年纪,并遇上一个淘气的"孽种",是断然体会不到其中的那股子"恨意"的。我

曾让琳达读这段文字，试图把"爱之深，责之切"的道理灌输给她。没想到她却和我急赤白脸地理论起来："妈，您知道我们小孩子最反感你们大人什么吗？就是你们老说的那句话，'我们这么做都是为你好'，为我们好，完全可以不这么做啊！父母仗着力气和威严打孩子，还要绑架我们夸你们的暴力。把这说成是爱！我真是难以接受。"听了琳达带着怨气的一通话，我十分尴尬。

在你我看来，有时候，小孩子闹起来，似乎不用强硬的态度就制止不了。你曾说："我可没有那个耐心和小孩子啰嗦那么多道理，看到毛病不及时制止就是家长的失职，小孩子该打就打，不能任其发展。"你的这话乍听上去也没错，但这却不是问题的全部。后来仔细想想这事，我又注意到，这种父母的"恨"作用于孩子身上，往往只能短暂地制止孩子的不良行为，并不能真正改变孩子的劣根。他们通过我们的打骂，只是知道了什么是不该做的，但这样的教育里却没有告诉他们什么是该做的。

说到这儿，我忽然想起前些时候咱俩在哈得孙河畔散步时遇到的那对父子。当时，你告诉说，那父亲是你的好朋友，儿子是非常优秀的留学生，你说："老见到这父子俩一起散步，也不知道他们怎么就那么有的说？"现在想来，问题的关键可能就在于此。"优秀"和"有的说"之间是有必然联系的。和孩子探讨人生的道理靠的是平日的积累，一定不要等到遇到事情再用拳头去纠偏。这就如同阴天出门要带上雨伞一样，手上有伞就不愁下雨。若是没有准备，遇上下雨，发脾气、埋怨、指责又有什么用处呢？

此外，不要以为我们的初衷是好意，就可以任意和孩子使用"刀子嘴"。和我很要好的一位画家已经年过半百，对于儿时常挨父亲责罚的经历，至今还使他非常受伤，他说："小时候，对于父亲过于严厉的管教，我并不会觉得父母是'刀子嘴豆腐心'，那些无情的打骂，对于还是个小孩子的我，其实就是'刀子嘴刀子心'。"听着这位平日慈眉善目的画家略带愠怒的语气，感觉他似乎还在生他老父亲的气呢。

再叙！

姐姐

小心成见

老乡没有往我的钱包里望,而是手一挥,低声说了句"算了吧,不要钱了"

珮嘉:

你好!

刚刚看到安妮安全抵达纽约肯尼迪机场的视频,一颗悬着的心终于落地。安妮独自两周的北京之行,并不像你先前说的那么不可想象。这不禁让我想起"成见"二字,同时也勾起我对一件陈年往事的回忆。

去年春节,有位小学同学打电话邀请我参加聚会。而当电话线另一端的那位同学报出他的名字时,我真是羞愧难当。

记得那是在三十几年前,上小学三年级的时候,一个炎热的下午,我们上英语课。老师在讲台上读着课文,突然停了下来,然后怒气冲冲地径直走到了坐在我身后的这位叫赵涛和的同学身边,随即一巴掌拍在了他的课桌上,震得赵涛和的铅笔盒和书本跳得老高。原本昏昏欲睡的我,被这一声巨响吓醒了。只听得老师向赵涛和喊道:"赵涛和,你成心捣乱是不是?你自己学习差,还要害得全班跟你一样差吗?"全班同学的眼睛随着老师的大声呵斥都转向了赵涛和,只见赵涛和涨红着脸,两眼茫然的样子,张大的嘴巴只会说:"我怎么了?"这句问话更是让老师愤怒:"你怎么了?还装傻!"老师一边说,一边指着墙上的一个光点儿大声斥责:"这不是你是谁?"大家顺着老师手指的方向看去,只见一个核桃大小的光斑映在墙上。我们这才知道,原来惹老师发怒的是这个光点。老师根据赵涛和以往调皮的秉性判断,这个引得全班不好好听课的罪恶的光点儿一定是这孩子搞出来的。教室里的空气此时像是被凝固住了,我们个个都像被吓住的小猫,谁也不敢吱声。可就在这时,我忽然瞥见墙上那个光点又微微地动了一下,而赵涛和桌上的东西却没有动。这时,我忽然意识到,敢情那个惹得老师暴跳如雷的光点儿,罪魁竟然是自己手上握着的那把尺子啊!想到这里,我脑袋都大了!与此同时,大概是老师自己也意识到抓错人了,脸上泛起了一丝红,默默地转身走回了讲台。事情过去相当长时间以后,我还一直在想,赵涛和那次一定受到了很大的惊吓,真是对不起他!

这是个关于成见的真实的故事。也许是受到这件事的刺激,从那以后,我都会很小心地对待"成见"二字。可生活莫测,时不时地,我仍会被成见左右。

这次回江苏老家。从公路上下来,离亲戚家还有一段小路要走,所以下车雇了一辆三轮车,老乡要了六块钱,想想很便宜,我没有犹豫地给了。晚上回城时再雇车,在车上一翻钱包才发现,钱包里除了四张一块的,就是百元了。暗想,这些做生意的人一般是要抬高些价格让顾客砍价的,无商不奸嘛。于是,付钱时,我说:"给你四块钱行吗?"那老乡诧异地看我:

219

"怎么的啦？"我展开钱包："没有那么多零钱了。"没想到，老乡连看都不看我敞开的钱包，手一挥，低声说了句"算了吧，不要钱了"。然后转身就要走。当时臊得我呀不知说什么好，急忙向同行朋友求援……你看，我这么一个被"成见"吓怕的人还会犯这样的错误，可见它的无处不在。

再叙！

姐姐

街头的大老鼠

读了安妮的信,看到孩子被社会上这些复杂的事情搞得晕头转向的样子,太理解了

珮嘉:

你好!

安妮上周写信给我,告诉我,你家公寓旁边的小区门前摆放了一只巨型的充气老鼠,个头有三四米高。旁边站着好多抗议的工人,他们怒吼声简直是震天响。安妮说:"那些示威的工人做了工,得不到应得的薪水,心里愤怒,可是还得在那里埋头干活,不敢停下来,看着真是可怜。"

安妮说的这种情况,在纽约街头时常会出现。工人得不到相应的劳动报酬和福利,他们就会用卡车拉来一只大老鼠放在工地对面,以示抗议。安妮为了让我有感性认识,还录了一段视频给我,听到那些工人的吼声,我马上就想到了"工人阶级一声吼,地球也要抖三抖",真是太形象了。看到安妮有这样的同情心,我感到很欣慰。

今天,在邮箱里又发现安妮的一封信,还是关于那只街头的灰老鼠的,安妮信上说:

姨妈,上次那只灰老鼠的事是我搞错了。今天放学回来,我又遇到那些抗议的工人了,他们给路过的人发了传单,我也收到一份。上面说,他们是抗议那些低水平的木匠抢了他们这些手艺好的木匠的活。老板为了省钱,不顾工程质量,聘用那些低水平的木匠干活,把他们这些加入木匠协会的高级木匠解雇了。看了传单我才知道,原来那些正在干活的工人和抗议的工人竟然是对立的。现在我可知道什么叫作"猴吃麻花——满拧"了!原来该同情的是这些抬老鼠的工人,而那些正在那里干苦力的工人是不该同情的,因为他们抢了别人的饭碗,这些活儿本该归那些木匠协会的好木匠的。啊!这真是太复杂了……

读了安妮的信,看到孩子被社会上这些复杂的事情搞得晕头转向的样子,太理解了。

社会的复杂性何止安妮这封信中所写到的呢?今天不忙,我讲几句话,提点问题,希望可以帮到你和安妮讨论这个事。

手艺差的"坏木匠"以低薪的手段抢夺手艺高的"好木匠"的饭碗,会给城市建筑质量造成什么后果?反过来,不在木匠协会里的木匠就一定是低水平的木匠吗?这里面是否有木匠协会进行行业垄断的可能性呢?这件事真正的矛盾是不是如安妮所说的,是抗议的木匠和干活的木匠之间的矛盾?也就是说,那些"好木匠"抗议的对象是"坏木匠",还是那个解雇了他们的老板?老板解雇那些"好木匠",转而使用那些"坏木匠"违法吗？如果违法，为什么那些"好木匠"不去法庭讨回公道，而是采取让大老鼠为他们代言的手段呢……你看，由此而引发的问题已经涉及人力资源管理、劳动经济、劳动法、工会、行业标准……相信还有很多，也许并不是你我的知识水平能解释得了的，但这又有什么关系呢？这些问号，对于我们指导孩子来讲，所指的方向其实只有一个——生活是复杂的，并不是我们看到的表面的那个样子。而唯有读书、经事才是我们认识生活真面目的最好的帮手。对于孩子如此，对于我们本身不也是一个道理吗？

再叙！

姐姐

奇妙的复制

一个小小的可乐瓶子怎么会拍出几千万美元的价格来呢?

珮嘉:

你好!

来信说,最近你和安妮一起参观了几次现代艺术的展览。安妮喜欢得很,你却感觉格格不入。在你看来,现代艺术根本就不叫艺术。你问我对于现代艺术是什么感觉,不瞒你说,我倒是蛮喜欢的,虽然过程有点曲折。

记得那是第一次来纽约,中午到大都会博物馆四层的西餐厅吃饭,邻桌的两位老太太热情地和我打招呼。当听说我来自北京时,她们非常兴奋,除了跟我打听长城、烤鸭之外,还热情地向我推荐 MoMA 现代艺术馆,并且说,那是纽约的骄傲,她们在那里工作了多年。所以,那天下午,当同行的朋友选择帝国大厦时,我却执意把仅有的半天时间献给了 MoMA。

当时的我对现代艺术,除了记得几个耳熟能详的大画家的名字外,认知极少,所以一进 MoMA 的门就蒙了。二三层是当代艺术,那是一种我从未领略过的癫狂,特别是那些有声的行为艺术，视频里放出来的东西，简直就如同鬼哭狼嚎一般，心想，纽约怎么会以此为骄傲？我一脸的蒙圈让一位 MoMA 的工作人员注意到了，他好心地建议我去四楼看看。

一到四层，我开心了，那里陈列的大都是现代艺术的经典之作，莫奈的《睡莲》、凡·高的《星月夜》……马蒂斯、高更、雷诺阿……见到了真佛，方才有种没白来的感觉。然而，囿于自己有限的见识，兴奋也仅止于"终于见到"，并无理解那些作品艺术内涵的可能。特别是当看到安迪·沃霍尔（Andy Warhol）那幅《坎贝尔汤罐头》时，我从心底诧异：搞一幅三十二只罐头的合影，这叫哪门子艺术？

"一个鹊巢搭在树上它就叫鹊巢，而将它放在博物馆，那就是一件艺术品。"这是我曾在一本杂志上看到的话。这句话使我隐约感觉到，很多东西，只要是被搬进了博物馆，其实大都可以被解释为艺术。这种观点一直住在我脑子里，直到三年后，我看到安迪·沃霍尔的作品《可口可乐3》以将近六千万美元的价格拍出，才又重拾了对于现代艺术的好奇——安迪·沃霍尔勾出的那个小小的可乐瓶里装着什么魔法，竟然让人如此着迷？他那些看似无脑的可乐瓶子，其价值究竟又在哪里呢？后来，在一本书里，我看到了安迪·沃霍尔本人的一段话："你在电视上看到可口可乐时，你可以知道总统喝可口可乐，利兹·泰勒喝可口可乐，你也可以喝可口可乐。你喝的可口可乐和别人喝的一样，没有钱能使你买到比街头流浪汉喝的更好的可口可乐。所有的可口可乐都是一样的，所有的可口可乐都是好的……"从这段文字中，我才知道安迪·沃霍尔不是在"瞎画"。人家仅用了一只普通的可乐瓶子、整齐码放的汤罐头……就将美国20世纪60年代消费文化的特质展现出来了。用中国的话说，这叫作"大道至简"。

用一个普通的东西表达自己对世界事物的看法，这并非一般的功夫所能达到。现代艺术和你所喜爱的古典学院派作品不同，它不是写实，所以既不"逼真"，也不"漂亮"，它的重点在于提炼、抽象，精彩的地方在于如何突破人们头脑中固有的东西。你也许会说，这样的突破很难有什么标准可言。这个，凭我的见识也难回答，但你我看不懂，并不意味着这种价值不存在。一个小小的可乐瓶子能拍出几千万美元的价格来，背后一定有故事。

最近，古根海姆博物馆有三幅作品被博物馆撤了展，引起很大轰动，原因是展品设计有虐待动物的成分。从这一点看，现代艺术必是对人的思想有很强冲击力的创作，并不是胡思乱想的结果。我上面这些对现代艺术的看法虽然不一定上道，但能促使你接近它一步也是好的。

再叙！

姐姐

带一本书去金陵

其实，更真实的生活反倒会呈现在虚构的文学作品中

珮嘉：

你好！

你有没有发现孩子们最近的一个很大的变化？她们在外出旅行前，已经能够很自觉地去查阅一些和目的地有关的资料了。这真是件令人欣慰的事情。想当初，为了培养她俩这个习惯，不知费了我们多少口舌。不过，最近我有个新的设想，写信说给你听，你若也有同感，我们不妨一试。

以往，我们是透过旅行中所见到的名胜古迹去认识一段历史，虽说这样的观光很有意义，但未免缺乏些意趣。之所以想到这层，还是源于我最近的一次阅读体验。

上周，因为查一个典故，偶然翻出了《儒林外史》，这一打开书，竟然爱不释手，那些以南京为背景的故事，让我生出了故地重游的想法。想当年我在南京小住，也算是跑遍了那里的大街小巷。但倘若有人问我是否觉得此地可忆，一时还真不知从哪说起。可若是说出自己只记得芦蒿炒豆干、桂花鸭什么的，

虽是心里话，但也着实枉费了金陵赐予世人的一番美意。但这又有什么办法，谁让自己手中拿着的只是些旅游导览之类的资料呢。所以我就想，若是我们能找到一本和所到名胜相关的文学作品，边读边玩儿，如此这般的旅行将会增加多少乐趣呢？

话说我当年最喜去南京狮子桥的美食街，尤其喜爱那里的鸭子肉包、醉白鱼和软香糕之类的金陵美食，今日在《儒林外史》中读到，伴着这些佳肴的还有永宁坊上好的橘酒、雨水煨的六安毛尖条、"问桃花何苦红如此"的佳句、秦淮河畔呜呜咽咽的笛声……这样看来，自己当年捧着各种旅游攻略的那阵瞎游乱转，真真是辜负了这斗方名士的故里了。

以往，我们带孩子们览胜，大都是以长见识为目的，现在想来，其实还有更为重要的一面被我们忽略，那便是和孩子们一起构想一个真实的历史，体会一种文化的由来。

说起这话的缘由，还要追溯到几年前和在中戏执教的夏教授的一次聚会。当时我问她，做历史题材的电影是不是会终日与《史记》一类的史书为伍呢？否则历史的真实一定很难把握。教授的回答令我意外："官方的记载只是历史旧貌的轮廓和走向，其中不免掺杂些执政者的意志。其实，更真实的生活反倒会呈现在虚构的文学作品中。"我问她此话怎讲。夏教授答："《红楼梦》就是很好的例子，表面上看，作者在朝代和地点这些地方做了手脚，其目的却是要让后人看清楚历史的真相。"

现在想来，夏教授此言不虚。就拿南京来说，秦淮河、贡院、鸡鸣寺、玄武湖、雨花台……这些地方，人们虽可很容易地从各处的解说词中了解到它们与哪段历史相应，但若是领略过《儒林外史》的读者就会知道，金陵真正的鲜活之处，又岂是书架上那些官样书籍所能言及的。

带一本书去金陵,这"书"不仅可以是从课本上找到的历史名篇,那些埋藏在市井街巷中的小说、诗歌,我们不妨也可尝试推荐给孩子们一些。其实,这又何尝不是为人父母的你我也应当补上的一课呢?从这个意义上说,我们也是在和孩子们一同成长。不知你会将这样的主意看作是负担还是享受呢?

再叙!

姐姐

耀爷的梦

他还请出了苏格拉底:"教育的本质不是雕刻,而是唤醒。"

珮嘉:

　　你好!

　　来信说安妮这个假期去哥大参加了建筑暑期夏令营,你看不明白,她没日没夜糊的那几个晃晃悠悠的纸盒子,和她想报考的艺术专业有什么关系。这样下去,安妮的艺术之梦可真要成一场梦了。你不但可惜了那几千美元的银子,更为安妮失去了整整一个月的时间感到不安。

　　今天去四中,正巧碰到王耀老师,闲聊时把你的烦恼说给他,他笑道:"安妮太棒了!你们不要阻拦她。"怕我不解其意,还给我补充了一句福楼拜的名言:"科学与艺术,从山麓分手,将来定会在山顶会合。"

　　"耀爷"是四中孩子们对王老师的昵称,有这样的绰号,足见他在教学上的功夫和孩子们对他的爱。王老师说,现在的他,正和四中的几位老师着力研究和推广混合型教育:比如,通过介绍一只苹果的生长过程,来解读课本中的生物、化学、地理知识；学生将课堂上所学习的物理、数学知识，通过制作一架飞机模型来巩固和提高……说到安妮的建筑，王老师说："建筑，那不正是集数学、绘画、物理、化学、历史、地理于一身的学科吗？这正和我们所倡导的混合型教育是一个方向。孩子有这样的愿望，是件大好事呀！"

珮嘉，听了王老师对安妮的鼓励，你不觉得他是在隐晦地批评咱们吗？我们很多时候，在孩子的教育问题上，是不是有点瞎指挥的味道呢？我把这个感觉说给王老师听，估计人家有同感，但回应得却非常委婉。他说，几十年的教育经历告诉他，教育者最重要的事情是帮孩子们"推窗"，而不是将窗子关闭。可能是为了让我更深地理解他的意思，他还请出了苏格拉底："教育的本质不是雕刻，而是唤醒。"转过头来，我就在想，我们作为孩子的父母，在某种意义上说也是孩子的老师，所以，我们该做的事，毫无疑问——尽量帮孩子多推开一扇窗吧。将近两个小时的闲聊还让我明白了一个道理，王耀老师之所以被很多四中的学生所喜爱，原因很简单：他是一位太不像理科老师的理科老师！

王老师说，早在他十四岁的时候，他曾写过一篇题为《我要当老师》的作文，那篇作文感动了他的老师。他记得非常清楚，那位老师在他作文下面写道："欢迎你加入我们的队伍。"这句话，反过来也感动着那个十四岁的少年，使他在追求人生价值的道路上深受感召。王老师说，这也正是他与教育结缘的最直接的动力，那个批语他至今难忘。

临分手时，王老师告诉我，未来他可能会离开教师队伍了。他笑谈，之所以做出这样的选择，仍是因为对教育的热爱。他的理想是，会带着那个混合型教育的想法跨出四中的围墙，让更多的中国孩子也能领略其中的风景。他笑眯眯地告诉我，他已经为他的理想起了名字：四维。那个"四"是四中的"四"，其意："四维"植根四中。这不禁让我又想到福楼拜的那句名言："科学与艺术，从山麓分手，将来定会在山顶会合。"科学与艺术如此，王老师与四中又何尝不是这样呢？

  再叙！

姐姐

你的眼里能揉沙子吗?

丰子恺先生在这幅画边上写道:"阿宝两只脚,凳子四只脚。"

珮嘉:

　　你好!

　　自从这个寒假以后,安妮的学习成绩蒸蒸日上,来信说,你这会儿怎么看她怎么顺眼。尽管安妮还是那个大冷天"不穿秋裤"的样子,可你对安妮的举手投足却不那么反感了。你不明白为什么自己的眼里怎么就突然能揉进沙子了呢?

　　你的这个疑惑其实在我的脑子里也是常常泛起的。记得爸妈也常嘱咐我在教育琳达的问题上一定要严格,有错必究,否则惯坏了孩子后果不堪设想。虽然他们的话我也认同,但不知怎么的,对小孩子的调皮捣蛋,我就是恨不起来。他们那么小而无知,怎么能开口就骂,抬手就打呢?后来想想,这个性格恐怕是来源于奶奶对我的溺爱。

　　当年我还只有四岁,因为爸爸妈妈要上班,无法照顾我,所以就被奶奶带到江苏的老家生活。每到春天油菜花开的时节,我的整个上午就是拿着小瓶子,爬到八仙桌上去扣住趴在

233

玻璃窗上的蜜蜂。晒着暖暖的太阳，闻着油菜花一阵阵的香气，耳边是蜜蜂嗡嗡的用头撞击玻璃的声音，那感觉真是迷人。为了捉到更多的蜜蜂，那段时间，我几乎天天顾不上吃饭。忽然，一日，从城里来了个二叔叔，到了吃饭的时候，看我还在玩个不停，喊我也不理会，一气之下，他竟然揪着我的耳朵，把我拎到了后面储米的小房子里罚跪。那里不但阴冷，还有老鼠吱吱的叫声。我从来没有被家人这样对待过，也不知自己犯了什么大错，父母又不在身边，所以心里特别难过。最后，还是仁慈的奶奶把我从那个阴暗的小屋里抱了出来。现在想来，二叔叔这样责罚我的初衷看上去是正确的，是想让我知道生活是要有规矩的，不能由着性子来。

由此看来，成人在解读所谓"原则"时，往往做出的是小孩子理解不了的举动。站在孩子的立场上，他们并不了解长辈们所坚持的所谓立场是多么重要。这让我想起丰子恺先生的一幅漫画来：他的大女儿阿宝看见家里的凳子没穿鞋子，于是就把自己的鞋子和妹妹软软的鞋子脱下来套在凳子腿儿上。丰子恺先生在这幅画边上写道："阿宝两只脚，凳子四只脚。"从这幅画，想必你一定可以听到一个父亲哈哈大笑的声音吧，而从丰子恺先生描述这幅画由来的一篇文章里，我们却能真切地听到阿宝的妈妈对孩子们的责骂声。这，就是生活，对于同一件事，不同的人会有不同的解读。心情好的时候，你就是那个哈哈大笑的父亲；想不开的时候，你又成了那个打孩子屁股的妈妈了。

爱儿女，就是兼爱孩子们的好歹两面。这里既包括欣赏他们身上你认同的那些好的东西，也包括用我们的慈悲之心去理解孩子们身上让你心塞的那些言行。别以为咱们手中的尺子就那么标准，你没觉得，时代在变，我们以往的很多认识也是有着很大局限性的吗？所以，在对孩子们呵斥之前，最好还是要假以思索为妥。

再叙！

姐姐

阿美的眼泪

苹果核这东西,你可千万不能再啃了

珮嘉:

你好!

今天在视频里和安妮通话,看到安妮在用叉子吃小块的苹果,而你却在旁边啃苹果核。我不知和你说了多少次这件事情,这样做法,看上去是呵护孩子,但从长远看,对孩子的人生或许就是个伤害。听到我的话,你也许会问,一个苹果哪里就至于造成这么严重的后果呢?

上周阿美表姐来家里做客,席间说起她的儿子时,阿美竟然哭泣起来:"不晓得造了什么孽,好好的一个大学毕业生,如今不出去工作,整天待在家里,除了玩手机,不干任何事情。眼看着我们都老了,这么下去可怎么好?"

阿美表姐的儿子南阳是我们看着长大的,从小乖巧,学习也很用功。所以,在我的记忆中,一向都是他们夫妇对儿子的赞美,这次怎么来了个一百八十度大转弯呢?阿美夫妇走后,大家不免议论起席间阿美的眼泪来。可怜这老夫妻俩,十几年,望子成龙心切,对南阳处处呵护,不让孩子干任何和功课无关的家务,为的就是拿一个好成绩,上一所好的大学。如今学成,可这孩子却成了大门不出二门不迈的废人了,阿美夫妻俩失望的心情可想而知。

静下心来为这家的不幸总结一下,原因大致有二:其一是社会目前并不把大学毕业生当高端人才看待,所提供的适合南阳专业领域的工作寥寥;其二,南阳仍把自己当成家中的孩子,被父母服侍惯了,家庭没有特殊的变故,又怎么会凭空生出吃苦养家的观念来呢?所以,有这两条,像南阳这样"啃老族"的出现,还有什么奇怪的呢?因此说,这件事的责任不能仅仅归咎于社会,个中缘由也有父母对孩子的教导不利。

孩子缺乏家庭责任感、缺乏对父母的感恩之心,这样的抱怨,从你那里听到了不少。你常问我:毛病出在哪里?该如何改变这样的局面?我一直没有找到解开这些疑惑的钥匙,现在看来,你手上那只削好的苹果不正是这些问题的答案吗?佛教讲究因果,我以为这不是迷信,而是大有道理在里面的。一碗盛好的米饭,一摞叠得整齐的衣服,一池放好的洗澡水……这样的"因"将来能结出的"果"会是什么呢?用佛教的思想来解释,不就是现在那个赖在家里的南阳吗?

不知你有没有注意到,佛教中,因与果之间的距离是很长的,并不像逻辑上的"因为"与"所以"那么立竿见影,二者在生活中草蛇灰线,伏脉千里,"因"有如伏笔,"果"冒出头来不知要到何时、何地。

现在人们喜欢说"攒人品",这个"攒"字用得妙,要想得到好果子吃,急功近利不成,慢慢"攒"才成。回到我们成就孩子这件事上来,倘若想让他们将来自立、孝顺,而不是退化为"啃老族",苹果核这东西,你可千万不能再啃了。

  再叙!

姐姐

宁静方可致远

生活并不会总尽如人意，但也没有不亮的天

珮嘉：

你好！

昨天收到你的来信，满纸都是数落安妮的字眼，狂风暴雨一般。看完信，我像是接到了报警电话一样，马上随你进入了"紧急状态"。可这回信才写到一半，今天接到你的电话，竟然是报告安妮得了好成绩的特大喜讯。听到你欢快的笑声之后，我只有把那些宽慰你的话放进抽屉里了。之所以没丢进纸篓，是因为想着今后还会用得上的。亲爱的妹妹，我如此揣度你，想必你是了解其中的缘由的吧。

现在的安妮已经是大姑娘了，你这个妈妈在和孩子相处的过程中，承担的角色不应当还只是个监督员和评价者了。我们作为孩子最亲近的人，我想，不仅要为她们的成长摇旗呐喊，还有一点很重要的，是要给孩子在为人处世上做示范。而今日我要说的一种示范就是：凡事不要忙着喜形于色。

急着给你写这封信，还有一个原因。最近，又在报上看到两个身处常春藤名校的孩子，因为学业不顺而精神受到重创，真是为这两棵经不起风雨的小树而叹惋！之后便想到这些孩子的父母，他们的痛苦是何等地深。孩子们处事不惊的素养，没有平时点滴的积累，断然是不可成就的。而家庭中长辈的示范，则是不可或缺的部分。我们既要告诉孩子"一时的困境算不得什么"，除此之外，还要提醒他们，不要让取得成功的欢呼太过强烈。人的一生中，哪有永远的辉煌，又怎么会总是黯淡？

你若是把这说成是"装"，我不但能够理解，而且还觉得这个"装"字用得蛮形象。只是问题的关键是：要真诚地"装"，而非"假装"。比如说，生活中，我们遇到的那些性情平和的人，其实并不见得人家就没有糟心事，之所以平和，那是一种修养的表达，是一种控制情绪的能力。这种修养既不是"忍"也不是"躲"，而是一种内心的豁达：并非表面上的遮掩，是一种内在的流露。

最近看到叙利亚画家Abdalla Al Omari创作的系列作品《脆弱》，他把一些当红的世界领袖画成了流离失所的难民。看到总统们身着破衣烂衫乞讨的样子，人生处境的两个极端一目了然。这些画看似荒诞，又何尝不是人生的写实呢？生活中的波折多得很，阴晴冷暖、天亮天黑，这一切都没什么值得大惊小怪的。生活并不会总尽如人意，但也没有不亮的天。凡事不要看一时的得失，要紧的是往长远了看，不懈地向前才是正道。

当然，生活中，人们免不了表达情绪上的喜怒哀乐，这也是人之常情，遇事哭笑片刻也无可厚非。但从对个人素质的要求上，我看，还是要努力把自己调整到维持平衡心态的状态上来吧。毕竟情绪帮不了我们什么忙，有用的是冷静的大脑。

再叙！

姐姐

代写"情书"

生活中，可供人们选择的角色，恐怕更多的是灰蚂蚁

珮嘉：

你好！

你问我，要不要把安妮申请大学的文书包给中介去做，毕竟人家干这个事更专业，效率也更高。虽然花些钱，但换个踏实。

当年琳达申请大学时我也曾这么打算过，读中介的样本，可以感到他们的写作风格与我们惯常的手法有很大的不同，但这种东西接触多了，也不难发现，这只是一种套路，仅仅是一种让西方人能够接受的文风而已。从我的经验看，要想和我们心中理想的大学对话，得到对方的认可，恐怕还是要自己发出心声，当然也少不了那些能表达学术能力的分数们的支持。

此外，写申请文书的过程虽然艰苦，但却是促进孩子们思想成长的一个很难得的机会。记得有一所大学问了这样一个问题："你印象最深的一次课外活动是什么？为什么？"接到这个题，琳达第一个想到的并不是她做的那些"好人好事"，而是一次特别枯燥的志愿者活动——为一个国际会议整理材料，实

际上就是一个人在房间里用订书器装订会议日程。琳达对这个事的第　感觉是"当然不能写这个啦!"。可从我的视角看,这恰恰是一个很好的题材——那些看上去光鲜的事物,哪一个不是由默默无闻的劳动成就的呢?这个在孩子看来最不该写的题材,恰恰是最有得可写的东西。琳达在文章的结尾点出:"生活中,可供人们选择的角色,恐怕更多的是灰蚂蚁,并非漂亮的蝴蝶。"从录取结果看,这篇文章应当是得到了对方认同的。

我们走访美国大学时,经常会问到文书由谁执笔这个问题。给我印象很深的一次是在MIT,那个活泼的招生官听到有人问这个问题时,幽默地回答:"别太小看我,如果是别人在写你,我一定能看出来的噢!"

写大学的申请文书,其实有点像我们中国人写总结的意思。没下笔的时候,我们往往把它看作是一种负担。而当你把这件事做起来,感觉会大不一样。我们鼓励孩子们给大学写这些"情书",依我的想法,并非仅仅是寻求一个满意的录取结果和省下几万块钱。从更长远看,一个五百字的自传,一篇三百字的人生感悟,认认真真把它们完成,又何尝不是对往事旧情的回忆和梳理呢。我想不出,还有什么事情可以迫使一个年轻人能如此耐心地用几个月的时间思考他们的过去和将来。

还有一点我想顺便和你聊聊。人们总喜欢把国外大学负责招生的那些职员叫作"招生官"。一提到"官"字,和它配的必然是"诚惶诚恐"了。我们在琳达申请那年,曾去过不少美国的大学,当时也是揣着一颗不安的心去拜见各大学的招生办公室。而交流后发现,其实,在招生办公室工作的人态度大都诚恳,并不是一副"你的小命儿在我手里"的架势,他们也是有着七情六欲的普通人。一次,琳达说起"招生官"这个词时,调皮地加上了个儿化音。第一次听到"招生官儿"这个发音,真是觉得又可笑,又确切。

再叙!

姐姐

被拒是常态

我们不能因为别人的标尺而失去对自己价值的判断能力

珮嘉:

你好!

最近一段时间,正值美国大学的申请季。三个月以后,就是安妮揭晓录取结果的时刻了。此时,你忐忑的心情我是非常了解的。因为三年前的今天,我也和你一样在这样的处境之中度日。

在等待发榜的那段时间,我们常带琳达去北海散心。记得一天中午,当时大家肚子都很饿,从北海北门出来看见全聚德烤鸭店,我提议去吃烤鸭。琳达却坚决不肯,我问:"怎么了?"琳达答:"还是等发了 offer(录取通知书)再说吧。"后来才知道,在留学生的圈子里,大家都很怕得到一个"全拒"的结果,所以,申请大学期间,一般都避免去吃全聚德。虽然这是件可笑的往事,但也足见我们当时不安的心情了。所以,忐忑是很正常的情绪,大家都彼此彼此。

经过孩子升学的事情我体会到,承受申请大学结果的不单单是孩子，那些意料之中和之外的结果，对于我们这些做父母的，同样也是个考验。作为见识过人生种种沟沟坎坎的过来人，我们若是还像个中学生一样，把升学的事看得比天大，和孩子们同喜同悲，也未免太辜负生活给我们的教诲了。特别是遇到申请不顺利的时候，孩子心塞是因为他们稚嫩，遇到风吹雨打，蔫头耷脑是他们的特权。在这个时刻，我们这些老树该做的只有挺住，挺在这些小苗的身后，这很重要。这对孩子是个保护，对我们，也是魅力展现的一刻。这里我要向你讲讲当年你姐夫的事迹。

三年前的一个中午，我们在一个饭店吃午饭，吃得高兴了，我耐不住好奇，撺掇琳达查查她最心仪的那所院校的录取结果，她耳朵根子一软，打开手机一查：加州理工，拒了。琳达的眼泪顿时就落下来了。在公共场所，孩子能哭，我们俩老再想哭也不能够呀。但我知道，自己若是开口的话，先行的也一定是眼泪，所以我只是紧咬嘴唇，一动不敢动地沉默着。关键时刻，还是你姐夫先"站"了起来，让我惊讶的是，他居然还能讲故事！

三十年前，有一个在小城市参加高考的学生，一心想考外语专业，他报考的那所大学是所全国重点大学，这个学生其他成绩都够，只是外语单项差了两分儿，结果就没考上，只好上了北京的一所学院，学了他并不知道怎么回事的"经济"。后来，他留在了北京工作……你们能猜猜这个学生现在在哪儿吗？我们都愣在那里，猜不到。你姐夫笑着对泪流满面的琳达说："他现在在和你一起吃饭呢……"你姐夫说完这句话，我好像看见他眼里泛着泪光，但看他脸上的笑，我又怀疑那泪光是我眼里的。数秒的沉默之后,他接着说:"现在看来,相比当年学习外语专业,毕业后,在地方上做英语老师,现在的生活反倒空间更广阔一些。所以说,塞翁失马焉知非福。"原本,琳达申请大学的事,你姐夫从来都是甩手不管的,而这个小情节却让我们又成了一个team(团队),虽然他"业务"不行,但我们都从心里拥戴他为首领。

此外,从琳达最终的录取结果不难看出,信念是支持成功的法宝。我们不能因为别人的标尺而失去对自己价值的判断能力,这是我们最要坚持的一点。现在想想,这个观点其实也并不局限于升学。

新年将至,共祝好时光的来临!

姐姐